月収18万の
派遣社員だった私が、

「好きなこと」×「SNS」で年収2000万になれた37の方法

プチプラのあや

Aya of petit-price

JN247867

PHP研究所

はじめに

「大好きなことをして生きていきたい」
「もっと輝く人生を送りたい」

この本では、そんな願望を持つあなたに、「『好き』をお金に変える方法」をお伝えしていきます。

「そんな夢物語のようなことを……」などと思う方もいるかもしれません。でも、ひと昔前は夢だったような生き方が、今では珍しくなくなりつつあります。

これからはむしろ、**「好きを仕事にしないと生き残れない時代」**になってくると私は思っています。

この本を手に取っていただいたということは、そんな時代の変化を感じ取られているのではないでしょうか。

ご紹介が遅くなりました。私は「プチプラのあや」と申します。

私の仕事は、大好きなプチプラ（安くて質のいいもの＝プチプライス）の洋服や小物などの情報発信を通じて多くの方に喜んでいただくこと。いわゆる「インフルエンサー（影響力を持った人）」と呼ばれる存在です。

すでに私のブログやＳＮＳをフォローしてくださっている方もいるかもしれません。はじめて知った方は、ぜひ「プチプラのあや」で検索してみてください。

私はほんの数年前まで、手取りで月収18万円の派遣社員でした。

派遣をしながら始めたＳＮＳの発信が、多くの方にフォローしていただけるコンテンツとなり、今では月商２０００万円を超える小さな会社の経営者になっています。

私自身の年収でいうと、現在は２０００万円くらいです。

実は、**最初から大きな目標を立ててそうなろうと思っていたわけではありません。**

自分の「好き」を世の中に向けて発信したいという、ごくシンプルで個人的な動機で始めたことでした。派遣時代からの劇的な変化には、私自身が驚いています。

そして今、改めて声を大にしてみなさんにお伝えしたいのは、**自分の「好き」を仕事にしていくことは誰にでも実現可能**だということです。

そう思う理由は主に2つです。

1つは、SNSの普及によって、誰でも簡単に情報発信ができるようになっていること。もう1つは、組織に所属して勤め上げるという働き方が、すでに一般的ではなくなりつつあることです。

組織に属さないフリーランサーも増えているなかで、ブロガー、YouTuberといった生き方をする人もかなり増えています。

もちろん組織に所属する安定や安心を、安易に捨てるのはもったいないことです（本文でもお話ししますが、まずは環境を変えずに発信を始めてみることが大切です）。

ただ、組織で働くかたわら発信をしたことが徐々にお金を生む副業になり、さらには本業として成り立っていく可能性は十分にあるということです。私も発信を始めた当初の収入は、月に2～3万円でした。

ひと昔前までは、自分の「好き」を発信することが仕事に結びつくなんて、考えられないことだったと思います。それが今では、ツールの発達・普及と社会的規範の変化によって、誰にでも開かれた未来になっています。

私が特別だったのではなく、誰でも最初の一歩さえ踏み出せば、自分の「好き」を仕事にする道を歩み出すことができるのです。

今はまだ、自分の「好き」がお金に変わるというのがイメージしづらいかもしれません。そもそも自分の「好き」が何なのかもよくわからない、だから何を発信したらいいのかわからない、という人も多いと思います。

以前運営していた私のオンラインサロンにも、そういう人はたくさんいました。でも、一緒に一つひとつ繙《ひもと》いていった結果、多くのフォロワーさんに求められるキラーコンテンツになったケースも珍しくありません。

あなたにも、ぜひ本書を通じて自分の「好き」を見つけ、それを多くのフォローがつくようなコンテンツにしていくコツをつかんでもらえたらなと思います。

私にできたのだから、あなたにもできます。

一度きりの人生です。
あなたも、自分の大好きなことを思い切り楽しみながら生きていきませんか？
本書が、その第一歩を踏み出すきっかけとなれば幸いです。

プチプラのあや

月収１８万の派遣社員だった私が、
「好きなこと」×「ＳＮＳ」で
年収２０００万になれた３７の方法

Contents
目　次

STEP 2

始める

――誰だって踏み出せる第一歩

STEP 3

続ける

――地味かもしれないけれど、すごく大事なこと

STEP 4

工夫する

――「ずっと好き」「もっと好き」のマイルール

STEP 5

変わり続ける
——チャレンジはおもしろい

Epilogue
エピローグ
この生き方をフルに楽しむ

装丁・本文デザイン　根本佐知子（梔図案室）
カバー・オビ写真　株式会社SNS研究所
編集協力　福島結実子

Prologue
プロローグ

ごく普通の
派遣社員だった私が、
大好きなことで
生きられるようになるまで

私が「プチプラ」を好きになった理由

まずはじめに、私がどのようにして「好きを仕事にしてきたか？」をご理解いただくために、これまでをざっと振り返ってお話ししたいと思います。ご興味ない方は、プロローグを飛ばしてＳＴＥＰ１からお読みください。

私が「安くて質のいいもの」――低価格なのに機能面が優れていて、流行も取り入れている「プチプラ」のものが大好きになったのは母の影響です。

倹約家であり、服飾の専門学校出身でもあった母は、ただ「安い」だけでなく、「安くて、いいもの」を探すのが、とても上手でした。

だから、ショッピングといえば「ファッション市場サンキ」や「ファッションセンターしまむら」でした。

これらの店には幼稚園のころから母に連れられて行くようになり（私は覚えていないのですが）、**小学校に上がるころには、私自身も「安くて、自分が着たいと思える質のいいもの」を探すことを楽しむようになっていました。**

「安かろう悪かろう」という言葉がありますが、上手に選べばそんなことはまったくありません。

母は洋服の素材などにも詳しく、「これはシワになりやすい」「縮みやすい」「こっちの素材なら大丈夫」などと、よくアドバイスしてくれました。

高校生くらいになると、周りの同級生たちは、次第にブランドものに目覚めていきました。

当時は有名海外ブランドのセーターが流行《はや》っていて、私も「いいな」とは思っていましたが、「お小遣いを貯《た》めて買おう」とは思いませんでした。

プチプラのお店に行ってよく探せば、有名海外ブランドの5分の1や10分の1くらいの値段で、海外有名ブランドと同じようなデザインや素材のものが買えます。だから、「ブランドのラベル」だけのために何千円とか1万円とか、そんな額を費やす気にはなれなかったのです。

高校生になってからも、私はプチプラのお店に通いつめていました。

以前より行動範囲が広くなり、いい商品を激安の卸《おろし》価格で買えたりする上野などにも、よく地元の埼玉県から足を延ばして行きました。

1つのお店で安くて質のいいものを見つけても、「ほかのお店には、もっと安くて質のいいものがあるかもしれない」と思うと、たくさんのお店を行き来することになります。

そのお店めぐりに友達を付き合わせるのは悪いので、高校生くらいからは、いつも一人でショッピングに行っていました。

そうやって見つけた「安くて質のいいもの」を身につけて友達に会うと、よく「あやちゃん、それかわいいね」と言われたりして、「これね、実は1000円だったんだよ」「え〜！　見えない！」なんていう会話になります。

それがまた嬉《うれ》しくて楽しくて、私はますます「安くて質のいいもの」を探すことが大好きになっていきました。

そして今、私はブログや動画でプチプラファッションの情報を発信し、それが仕事となっています。

思い返せば、幼いころからずっと楽しんできたこと。それを、そのまま今も継続しているという感じで、いつの間にか「大好きなこと」が仕事になっていたのです。

仕事で大切なことはすべて派遣時代に学んだ

大好きなことが仕事になったといっても、学校を出てすぐにそうなったわけではありません。

私が高校を卒業した時点で、両親はすでに高齢でした。加えてうちは裕福ではなく、前々から「大学に行かせるお金はないからね！」と言われていました。

そんなこんなで大学進学はまったく選択肢になく、高校を卒業してしばらくしてから派遣会社に登録しました。

最初に派遣されたのは、大手建設会社の「現場事務」でした。

大きなビルなどの建設現場に、小さなプレハブ小屋が建っているのを見たことはありませんか？　そこで現場仕事に関わる事務を行うのが現場事務です。

現場では、大きな建物が日々、着々と出来上がっていきます。その様子を事務の仕事をしながら眺《なが》める毎日は、新鮮な驚きに満ちていました。

自覚はしていませんでしたが、たぶん私は物事が変化したり、進んでいったりする様《さま》を見ているのが、もともと好きなんだと思います。

「地図に残る仕事」——これは、私も派遣されたことがある大手建設会社のキャッチコピーですが、そんな大きくて素敵なことに、ちっぽけな存在の私でも関われるというのは、なんだかすごく嬉しいことでした。

たまたま派遣された先で、そんな仕事のやりがいを味わうことができて、私はとてもラッキーだったと思います。

ちゃんとした仕事というものに初めて就《つ》いた私は、**現場事務を通して本当に多くのことを学びました。**

建設現場では、常に物事が慌《あわ》ただしく進んでいます。

建設作業に関わっている人たちはほとんどが男性、それも豪快で荒々しい人が多く、ハタから見れば乱暴に聞こえるような言葉遣いをされることもあります。

たしかに最初は戸惑いました。

でもすべては、危険も多い現場でテキパキと安全に仕事を進めるため。そう感じ取ってからは、**「今、私にできることは何だろう」と考え、先回りして行動することを意識するようになりました。**

そうなったのは、同じ現場に派遣された先輩の影響でもあります。

その女性の先輩は「よく聞く『デキる人』って、こういう人のことを言うんだろうな」というくらい仕事が早くて的確で、現場の人たちからも信頼されていました。

手取り足取り教わったわけではありませんが、私は常に先輩を見ながら「こういう時はこうするんだな」と仕事を覚えていったように記憶しています。

現場事務は、ハードワークです。そのために、派遣されて1週間足らずで辞めてしまう人も少なくありませんでした。

そんな中で、その先輩は私にとって素敵なお手本でした。先輩の姿から学ばせていただいたことは、今でもすごく生きています。起業して会社の代表として働く今でも、私は一生その先輩を超えられないと思っています。

建設作業に携《たずさ》わっている人たちも、パッと見た感じは荒々しくても、付き合ってみると心根の優しい方ばかりで、よく仕事の後には、みんなでお酒を飲みに行ったりしたものです。

そんな楽しくて優しい関係は、仕事をやめて数年が経《た》った今でも続いています。

職場の人間関係に悩む人がとても多いという現実もあることを思うと、私は派遣での仕事の最初から最後まで、つくづく人に恵まれていました。

一般的に現場事務はハードな職場として知られていますが、現場事務の仕事しか知らない私にとっては、それが普通でした。

よりソフトな仕事との比較がなかったことも、長く現場事務の仕事を続けられた一因かもしれません。

まずは、今いる場所で「必要とされる人」になる

つい先日、ある現場で直属の上司だった方とお食事に行ったときには、「あやちゃんがいてくれて、すごく助かったんだよ。いつも一生懸命で、頼んだことは嫌な顔ひとつせずに、すぐにやってくれたでしょう」と言われて、嬉しくなりました。

思い返してみると、**私は常に「ほかの事務の人と何かしら差をつけなくては」と思っていた気がします。**

使える人が少なかった現場専用のPCソフトの扱い方を覚えるなど、少しでもスキルアップしようと思っていました。

また、「頼まれた仕事は、就業時間を過ぎていたとしても断らない」と心に決めてい

ました。

頭がキレるというタイプではないし、それほど物覚えもよくない。そんな私が職場で信頼され居場所を保つには、そうするしかないと思っていたのです。

まずは、今いる場所で「必要とされる人」になる。**そうやって一生懸命やっているうちに、自分自身が多くを学んだり誰かの役に立てたりすることで、新たな道が開けていくようにも感じます。**

「やってみて、うまくいかなかったら、すぐ戻ってきていいよ」

派遣社員として働き始めてからも、「安くて質のいいもの」が大好きなことには、まったく変わりありませんでした。

ただ、日常的に会う人が同級生から職場の人たちに変わり、高校生のときに友達としていたような「あやちゃん、それかわいいね」「これ1000円だったんだよ」「え〜！　見えない！」といった会話は、ぐんと減りました。

プチプラファッションの情報をブログで発信し始めたのは、ちょうどこの頃のことでした。

はっきりと自覚はしていませんでしたが、**ブログを始めた理由の1つは「こんな安くていいもの見つけたよ」ということを、友達に話す代わりに誰かに伝えたかったからかもしれません。**

それが結果的には、「プチプラのあや」という仕事に繋《つな》がっていったのです。

今までお話ししてきたように、私は、現場事務の仕事が大好きでした。

にもかかわらず辞める決心をしたのは、「プチプラのあや」としての活動と、現場事務の仕事の両立が難しくなってしまったからです。

ブログと仕事の両立だけであれば、問題ありませんでした。

でも、ありがたいことに1冊目のプチプラコーディネートの本を出すお話をいただくと、取材に撮影にと一気に慌ただしくなりました。

そのために、仕事をお休みしなくてはいけない日も多くなってしまいました。

もちろん、こうした忙しさは、本が刊行されれば終わります。

ただもし、またインフルエンサーとしての仕事のお話をいただいたらどうなるんだろうと不安になりました。仕事を休みがちな状態が続けば、大好きな現場の方々にも迷惑がかかってしまいます。

迷った末に、ひとまず現場の所長に相談してみることにしました。

「『プチプラのあや』としての活動で、日々の時間捻出《ねんしゅつ》が難しくなってきたので、仕事を辞めてこの活動に専念しようかどうか迷っているんです」

最終的に私の背中を押してくれたのは、このときに所長が言ってくれたひと言でした。

「やってみて、もしもうまくいかなかったら、すぐ戻ってきていいよ」

そう言われた瞬間、心がフッとほどける感じがしました。「いつでも帰れる場所があるんだ」と思うと、「やってみよう」という勇気が湧《わ》いてきました。

所長のこのひと言がなかったら、おそらく私は仕事を辞めていなかったでしょうし、当然、今の私もなかったでしょう。

「手取り18万円」が4年足らずで「月収200万円」に

こうして派遣社員を辞めた私は、インフルエンサーの「プチプラのあや」として本格始動することになりました。

幸いなことに多くのフォロワーさんに支えられ、今の主な収入源は、SNSの広告

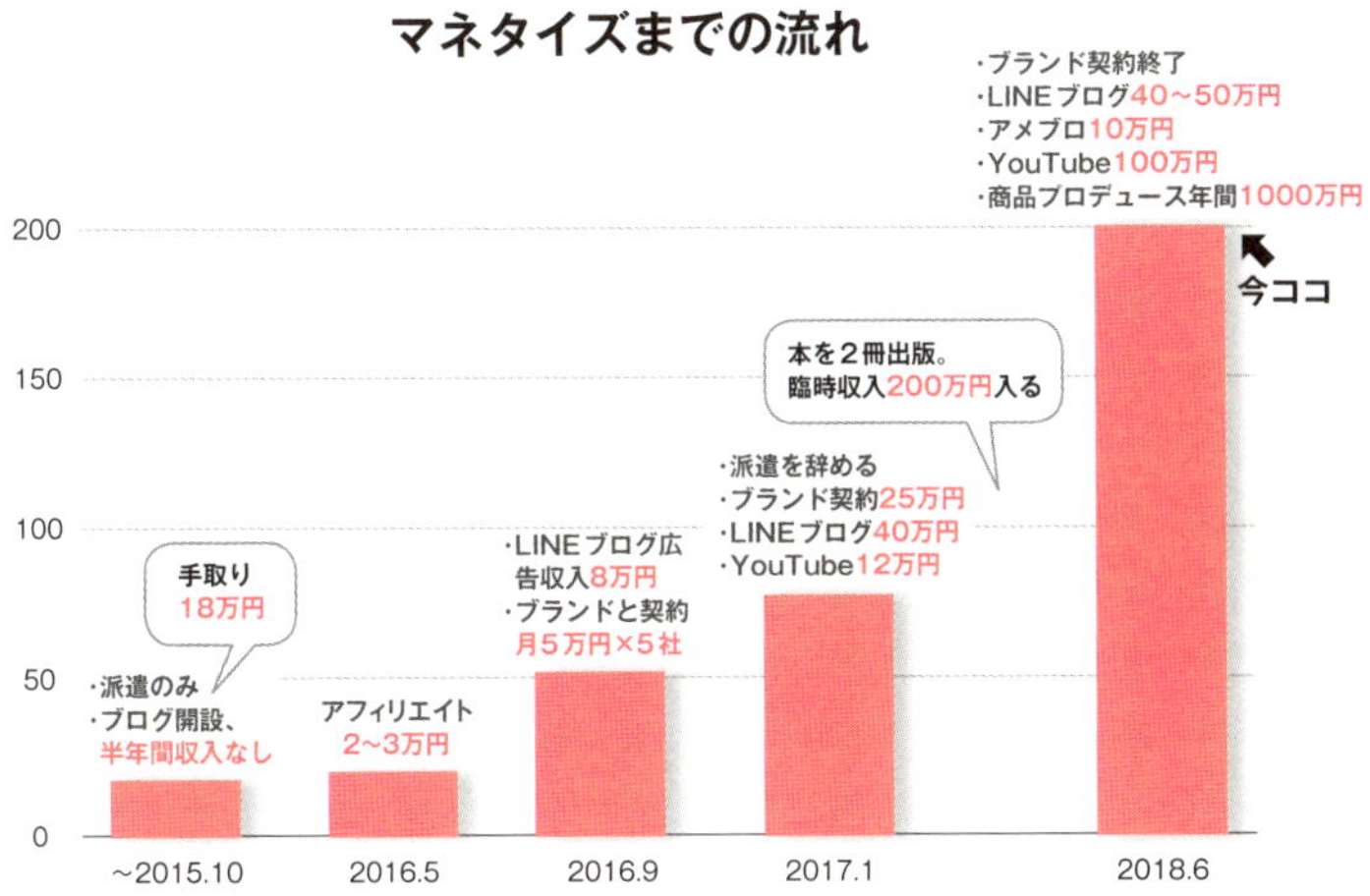

収入とプチプラ商品のプロデュース料です。年月にして4年足らず。その間に起こった月収の変化を大まかにまとめると次のような流れです。

〜2015年10月
派遣の仕事だけ（個人ブログ開設、収入なし）―手取り18万円

2016年5月
個人ブログのアフィリエイトを始める―手取り18万円＋アフィリエイト2〜3万円

2016年9月
個人ブログを閉じる（アフィリエイト

終了）。ＬＩＮＥブログと、ファッションコーディネートアプリ「ＷＥＡＲ」での発信を始め、ＷＥＡＲＩＳＴＡ（オフィシャルユーザー）に認定される。ＬＩＮＥブログの広告収入、ブランド契約（月５万円×５社）が加わる―手取り18万円＋ＬＩＮＥブログの広告収入８万円＋ブランド契約25万円

２０１７年１月

派遣を辞める。ＬＩＮＥブログの広告収入が一気に増える。ＹｏｕＴｕｂｅの広告収入が加わる―ブランド契約25万円＋ＬＩＮＥブログ40万円＋ＹｏｕＴｕｂｅ12万円

～この間に本を２冊出版。「臨時収入」として約２００万円が入る～

２０１８年６月

ブランド契約終了。公式トップブロガーとしてアメーバブログ（アメブロ）をスタート。アメブロの広告収入、月１ペース（アイテム数は多数）の商品プロデュース料が加わる―ＬＩＮＥブログ40～50万円＋アメブロ10万円

＋YouTube100万円＋毎月商品プロデュース年間1000万円↑

今ココ

現在は、Instagramのフォロワーが約71万人、WEARのフォロワーが約54万人、YouTubeのチャンネル登録数が約30万人、LINEの友達登録数が約22万人。アメブロでは「ファッショニスタ部門」でランキング上位をキープしています（フォロワーの人数は、2020年3月19日現在）。

こうして見ると自分でも驚くほどですが、最初は、自分が好きでやっていたことがこんなに大きな影響力を持ち、収入を生むようになるとは思ってもいませんでした。

つまり、**誰もが今は思ってもみないかもしれないけれど、「誰にも負けない好き」を仕事にして生きていける可能性がある、ということです。**

これから、私自身の経験を交えながら「大好きなことだけをして、自分らしく生きていく」方法をお話ししていきます。

一度きりの人生、自分を偽《いつわ》ることなく、思いっきり大好きなことをして生きていく。

それは、大変なこともつきものだけど、大変さより楽しさのほうがはるかに上回る生き方だと私は思っています。

今まで私が大好きなことだけで生きていくためにしてきたことが、少しでもあなたの参考になりますように。

STEP 1

見つける

誰にも負けない「好き」は、
どこにある？

あなたの「大好き」が最強のコンテンツになる

大好きなことを思いっきり楽しみながら生きていく――。

そう聞いてすぐに、「私はこれが好き」「自分はこれをしたい」ということが思い浮かんだでしょうか？

私は昔から「安くて質のいいものが好き」というのがはっきりしていましたが、「大好きなことをして生きていきたいけど、それが何かわからない」という人も多いようです。

以前、オンラインサロンを開いた際に、そんな声がたくさん届きました。

なかには「好きなことを仕事にすると、嫌いになってしまいそう」と不安に感じている人もいるかもしれません。あくまでも趣味だから続けられるのであって、それが仕事になったとたん嫌になってしまうのではないか、と。

でも、何事もやってみなくてはわかりません。

最初の一歩さえ踏み出さずに、「仕事になったら嫌いになっちゃうかも」という想像だけで諦《あきら》めてしまうのは、とてももったいないことではないでしょうか。

〝ホリエモン〟こと堀江貴文さんが、「『好き』を仕事にすると嫌いになるって言っている人は、『好き』を仕事にしたことがない人だ」といったことを発信されていました。私もそう思います。

だから、まず「自分の『好き』は何だろうか？」を突き詰めること。

そして、それが見つかったのなら、あれこれ深く考えずに、まずはブログを始めてみたり動画配信を始めてみたりと、**とにかく第一歩を踏み出してみたらいい**と思うのです。それが、小さいようでとても大きな第一歩なのです。

「情報発信」に特化したインフルエンサーになる

私は「プチプラが好き」というところから始めて、今ではプチプラのインフルエンサーとして活動しています。その経験から、私は誰もが「好き」を見つけることでインフルエンサーになれると思っています。

人気のインフルエンサーには、芸能人のようにかわいい人やキャラ立ちしている人もたくさんいます。そういう人たちは目立つので、『好き』を仕事にするには、あんなふうにならなくちゃいけない」と思っている人も多いのではないでしょうか。

でも実は、そんなことはありません。

インフルエンサーには、今お話ししたような「芸能人」タイプのほかにもう1つ、

インフルエンサーには２タイプがある

	芸能人タイプ		情報発信特化タイプ
発信するネタ	自分の顔、キャラクター、私生活などすべて	知名度 高⟷低	自分で集めた情報
メリット	どんな投稿でも受け入れてもらえる		良質な「情報」を発信していればフォロワーがつく
デメリット	多くのファンを獲得するのが難しい		私生活はネタにならない
フォロワー	○○さんのファン		発信する「情報」のファン
影響力	紹介したモノやプロデュース商品がたくさん売れるとは限らない	影響力 低⟷高	発信している「情報」に関連した、モノの紹介、プロデュース商品が売れる

「情報発信特化」タイプがいます。プチプラの情報を発信している私は、まさに情報発信特化タイプといえます。

芸能人タイプは、自分の顔やキャラクター、私生活がすべて発信のネタになります。ファンがつけば、どんな投稿でも受け入れられる反面、それが仕事になるほど多くのファンを獲得するのは難しいでしょう。

その点、情報発信特化タイプは、私生活はネタにならない代わりに、発信する「情報」にフォロワーがつきやすいというメリットがあります。つまり、自分の好きを突き詰め、**情報発信特化**

タイプのインフルエンサーを目指せば、誰でも「好き」を仕事にしていけるということです。

私を見てもわかると思いますが、情報発信特化タイプのインフルエンサーの多くは、芸能人タイプのインフルエンサーに比べると一般的なメディア露出も少なく、それほど知名度は高くありません。でも、うまくいけば、芸能人タイプのインフルエンサーより格段に高い収入を得られる可能性があるのです。

インフルエンサーの収入源は、SNSの広告収入や、企業から依頼される商品プロデュース料などです。そう聞くと、より収入が多くなりそうなのは、より知名度の高い芸能人タイプのほうだと思うかもしれませんが、そうとも限りません。

現に有名インフルエンサー（芸能人タイプ）の方が公表している売上額を見て、「私のほうがずっと多いな」と思うこともよくあります。もちろん私以外にも、芸能人タイプを凌《しの》ぐほどの影響力をもつ情報発信特化タイプのインフルエンサーは、たくさんいます。

なぜこんなことが起こっているのかというと、世の中の人は、**「知名度」より「情報**

の質」に影響されるものだからでしょう。

芸能人のようなインフルエンサーには、たしかに多くのファンがいます。

でも、SNSで紹介した商品やプロデュース商品を「実際に買ってもらえるか」という点でいうと、知名度の高いインフルエンサーよりも、良質な情報を発信しているインフルエンサーのほうが影響力は大きいようなのです。

例えば、私が大手アパレルブランドでプロデュースしている商品は、徐々に売上を伸ばし、最近では1日、2日で完売。多いときは初日売上が1億円を超えるまでになりました。

でも私は、それを「私のことを好きな人が買ってくれたんだ」ではなく、「私の作るモノを好きな人が買ってくれたんだ」と受け止めています。

買ってくださった方の多くは、「私という個人がプロデュースしたから」ではなく、「プチプラの良質な情報を発信している私がプロデュースした商品だから」買ってくださった、そう理解しているのです。

お客さんたちは一見「私のファン」のようでいて、本当は「私が作った商品のファン」「私が発信するレビューのファン」ということです。

プロデュース商品を例に挙げて説明しましたが、SNSで紹介する商品においても同様です。

やはりフォロワーさんの大半は「私のファン」というより「私が発信するプチプラ情報のファン」であり、だからこそ私がレビューしたプチプラ商品は、一気に売上が伸びるのだと思います。

このように、良質な情報発信ならば、その影響力は知名度を超え、SNSを通じた収入を押し上げることにも繋がります。これは情報発信特化タイプのインフルエンサーならでは、といえるでしょう。

インフルエンサーといっても、芸能人のようにキラキラしていなくてもいい。良質な情報を売りにすれば、自分という人間を、何か「素敵な存在」としてアピールする必要はありません。

誰にも負けない「好き」に関して、ひたすら良質な情報を発信していれば、「好き」を仕事として生きていく可能性はいくらでも開かれているのです。

自分の「好き」をトコトン突き詰める

では、どうやったら誰にも負けない「好き」が見つかるのでしょうか。

人は意外と自分のことがわかっていないものですから、少し意識的に自分自身を振り返ってみることです。

自分の感情に目を向け、「何をしているときにワクワクするかな？」と振り返ってみる。ほかには「子供のころに、何か時間を忘れて没頭していたことはあるかな？」と振り返ってみるのもいいでしょう。

自分で自分がわからないのなら、いっそ**友達や家族など、身近な人に聞いてみるというのも1つの方法**です。

「得意」と「好き」は繋がっていることも多いので、「私って、どんなことが得意だと思う？」「私の特技って何だろう？」などと聞いてみると、意外な糸口が見つかるかもしれません。

自分に対してはなかなか客観的になれない。だから自分の強みが見えていない、ということも多いのです。

自分では「そんな大したものではない」と思っていることでも、「ただ好きで始めてみたこと」が、結果的に多くの人から求めてもらえるようになるかもしれません。

私も、「こんな安くていいもの見つけたよ」と友達に話す感覚で、不特定多数の人たちに向けてプチプラファッションの情報発信を始めたことが、今に繋がっています。シンプルに、好きだから始めてみた。最初はそれだけだったのです。

当初は、そんな「安くて質のいいもの」を探すという趣味が、今のような仕事に繋がるとは想像もしていませんでした。

きっと今のあなたも、「私の『好き』が仕事になることなんてあるのかな？」と思っていることでしょう。当時の私も、まったく同じだったのです。

ただ1つだけ確かだったのは、「プチプラが好き」ということ。これに関しては誰にも負けないと思っていたし、今も揺らいだことがありません。

私は毎日ブログをアップしています。

どうやったら、読者さんにもっと喜んでもらえるか、どうやったらもっと読者さんを増やせるかと工夫を重ねる日々です。

ときには「大変だな」と思うこともあります。

それでも、「発信をやめたい」と思ったことはありません。

「プチプラが好き」というのは、それくらい揺るぎない「好き」なのです。

少し前までは、「好き」を仕事に繋げるのは簡単なことではありませんでした。

でも今はインターネットを通じて、誰もが発信できる時代。

言い換えれば、**自分の発信を多くの人が見てくれるようになったから「好き」を仕事に変えられる時代**です。

どんなものでも、多くの人から求められるコンテンツになり、仕事に繋がる可能性があるということです。

1つに決めたら、それだけをずっと続けなくてはいけないわけではありません。

実際に発信してみたら続けることが苦になったり、飽きてしまったりする場合もあるでしょう。

多くの人に見てもらえるようにデータを分析して、工夫を重ねるという努力は必要です。そのコツも、後の章でお話ししていきます。

ただ、ほんの数回や十数回の発信で苦になったり飽きたりするとしたら、そもそもそれほど好きなことではなかったということかもしれません。

そこで「私にはできないんだ」「私ってダメだな」「続けたいくらい好きなことなんてないのかも……」なんて自分を責めることはありません。

まず何か「私、これが好きかな」と思うことを発信してみて、それが続かなかったとしても大丈夫。また別の何かを見つけて発信してみればいいのです。

これを繰り返すうちに、きっと発信し続けることが苦にならないくらいの「誰にも負けない好き」が見つかるはずです。

〝日記〟を発信しても9割読まれない

好きなことは人それぞれだから、発信内容も人それぞれ。

どんな「好き」でもコンテンツになりえますが、より多くの人に見てもらえる発信にしていくために、1つとても大事なポイントがあります。

それは、**自分の「軸」を定める**こと。

言い換えると、**発信内容を絞り込む**ということです。

例えば、私が以前やっていたオンラインサロンの参加者に「ぽっちゃりさんのためのプチプラファッション」を発信している人がいます。

「プチプラ」というコンテンツは、どちらかというとマス向けです。

そこに「ぽっちゃりさん」という要素を掛け合わせ、発信内容を絞り込んだことで、読者対象は確実に狭まりました。ぽっちゃりさんでない人は見ないからです。

では絞り込んだことでフォロワーが減ったかといえば、まったくの逆。ＹｏｕＴｕｂｅの再生回数やチャンネル登録数が急増しました。

よりニッチな方向に絞り込んだことが、この女性のインフルエンサーとしての存在を際立たせることになったのです。これこそが「軸」を定める効果です。

「私はこれが好き」というものがはっきりしたら、自分の確固たる「軸」を定める。そして「軸」が定まったら、絶対に、そこからブレないようにすること。

「ニッチすぎる」「マニアックすぎる」とフォロワーがつかない不安を覚えるかもしれませんが、どんなことにも「同志」はいるものです。そう思って、「狭く濃い発信」を始めてください。

ときには「あれも、これも」と詰め込みたくなるかもしれません。ブログで今日は「好き」に関する情報を発信したかと思ったら、翌日は「好き」とは関係ない日記のような内容（友達と行った外食ネタなど）を発信したり……。

多くの人に向けて発信するなかで、「私のことを知って欲しい」という思いが募《つの》ることもあるでしょう。それに日記のような内容を発信するのは、ある意味、自分で研究し尽くした情報を発信するより、労力をかけずにできることでもあります。

でも、そういう内容を安易に発信すると**「何をやっている人なのか」**がわかりづらくなり、読者が増えないばかりか、せっかく読者になってくれた方が離れていってしまいます。

私のオンラインサロンでも「バイクが好きだからツーリングの動画をアップしたい。でも、たまには『地元のお祭りに行きました』みたいなのもアップしたい」という方がいましたが、「ツーリングだけにしたほうがいい」とアドバイスしました。

まず発信すべきは「自分のパーソナルな物語」ではなく、「自分が知っている良質な情報」なのです。

想像してみてください。初対面の人から突然、パーソナルな物語を聞かされても、「ふーん」としか思わないでしょう。でも、自分にとって有益な情報の話をされたら「もっと聞きたい」と思うはずです。

日記のような内容を発信するのは、初対面の人に向かって突然、パーソナルな物語を聞かせるようなものです。

芸能人のように「自分という存在」のファンが多くなれば、パーソナルな物語にも関心を持ってもらえるようになるでしょう。

ひょっとしたら、そんな未来もあるかもしれませんが、まずは情報発信に特化すると決め、軸を定めること。今まで私が見てきた限り、**分野はニッチでマニアックであるほど、フォロワーがつきやすい**といってもいいくらいです。

ひと目で「何をしている人？」が伝わる名前を考える

発信を始める前に考えておきたいのは、自分のハンドルネームです。

ポイントは、

（1）「何をしている人なのか」がはっきりわかる名前にすること
（2）ネット検索で、自分以外の人が検索結果に上がらないような名前にすること
（3）覚えやすくて呼びやすい名前にすること

の3つ。**自分の発信内容をひと言で表す、唯一無二でゴロがいいハンドルネームをつけるということです。**そうすると、自分が発信している情報を求めている人に最短でリーチできる、つまりフォロワー獲得に繋がりやすいのです。

前項でお話しした「軸」を念頭に、一番シンプルに自分を言い表すとしたら、どういう言葉になるだろう？　ネット社会で通じる「もう1つの名前」をつけるなら、どんな名前がいいかな？　と考えてみてください。

例えばInstagramだと、「ユーザーネーム」はメールアドレスのようなものなので、何でもかまいません。私のユーザーネームは「ayalilyflowers」ですが、おそらくこれで覚えている人はいないでしょう。「認証バッジ」にこだわる人もいるかもしれませんが、これにも大きな影響力はありません。

フォロワー数に一番大きく関わってくるのは、ひと目で発信内容が想像できて、かつ1回見たら忘れにくい「名前」なのです。

本名で活動しているインフルエンサーもいますが、私は、あえて本名を出す必要はないと思っています。

いずれ知名度が上がっていく可能性も考えたら、病院や銀行で名前を呼ばれて図らずも注目されてしまう、というデメリットが生じるかもしれないからです。ハンドルネームで発信すれば、こうした心配はありません。

また、**自分の発信内容をひと言で表すハンドルネームで発信していると、見ている人に「何をしている人なのか」が一瞬で伝わります。**つまり、自分が発信している情報が求めている人の目に留まりやすくなるのです。

そのうえ自分自身も、ハンドルネームを目にするたびに自分の「軸」に立ち返ることができます。**「このネット社会では、私は何者なのか？」**と、いつも意識しながら発信できるので、安易に「軸」からブレずに済むでしょう。

私の場合は、「安くて質のいいもの」＝「プチプラ」が自分の「軸」だから、「プチプラのあや」と名付けました。

どこからどう見ても、「プチプラ」の情報発信をしていることがわかるかと思います。

私自身、「プチプラのあや」と名乗る以上は、「この人がプチプラの第一人者」と思ってもらえるくらいにならなくては、と身が引き締まります。

発信内容も、「看板に偽りあり」にならないよう、プチプラ情報を求める人たちに喜んでもらえるようにと、磨き上げてきました。

私が発信するのは、基本的にプチプラの情報だけ。唯一、アメブロには飼い猫「なると」の写真を1枚（「今日のなると。」）入れているくらいです。

実は、本書の執筆中に、週に1回、「私が『プチプラのあや』になるまで」という記事を限定的に設けることにしました。この変化には理由があるのですが、それについては、のちのちお話しししたいと思います。

ともあれ、発信を始めてから、ごく最近までは、私のライフスタイルや過去などのプライベートな情報は、ほとんど発信していませんでした。

このシンプルさ、わかりやすさも、短期間で多くの方に読んでいただけるようになった一因だと思います。もし本名で活動したり、発信内容を絞り込みきれていなかったりしたら、ここまで早く「好き」が仕事に繋がっていなかったかもしれません。

「憧れの存在」より「真似しやすい存在」を目指そう

情報発信特化タイプのインフルエンサーの持ち味は、言うまでもなく「情報」です。自分が知り得た情報を、見てくれる人とシェアする。それが多くの人に見てもらえるかどうかは、**発信している情報が、見ている人にとっても「使える情報」かどうか**で分かれます。

自分がシェアした情報を、どれほどフォロワーに活用してもらえるか。

自分が実践していることを、1つのお手本として、どれくらいフォロワーの日常に取り入れてもらえるか。

こうした点に、インフルエンサーの人気はかかっています。

私、「プチプラのあや」でいえば、紹介したプチプラアイテムやコーディネートを、フォロワーさんの日ごろのファッションに取り入れてもらえたら成功ということです。

インフルエンサーとは、「影響力のある人」という意味です。

つまり、人気のインフルエンサーとは、発信する情報によって多くの人の生活に影響を及ぼす人のこと。それは、遠くからまぶしく眺める「憧れの存在」ではなく、影響を受けて取り入れたくなる「真似しやすい存在」なのです。

だから私は、「真似しやすい」と思ってもらえるように工夫しています。

情報をわかりやすく伝える、流行を取り入れたコーディネートにする、というのは基本ですが、他には写真のロケーションひとつについても、**実は「真似しやすさ」を意識しています。**

ブログやＩｎｓｔａｇｒａｍにアップしているコーディネート写真は、基本的にはスタジオではなく屋外で撮っています。それも、おしゃれなロケーションではなく、どこにでもありそうな普通の路上です。

これはフォロワーさんに、自分自身のファッションに取り入れたときのイメージをつかんでいただくためです。

もしかすると、路上で撮った写真を見ても、読者さんは「素敵！」「おしゃれだな！」とは思わないかもしれません。

でも、もし照明などが完璧なスタジオやおしゃれなカフェなどのロケーションで撮影したら、素敵でかっこいい写真にはなっても、フォロワーさんにとって、日ごろのファッションに取り入れるイメージが湧く写真にはならないでしょう。

イメージが湧くというのは、自分に当てはめても「違和感がない」ということであり、「真似しやすさ」と繋がっていると思っているのです。

また、私は身長167㎝で日本人女性の平均よりも高身長です。「真似しやすさ」でいうと、これは弱みといえます。

そこで、紹介したアイテムを私が着ているコーディネート写真とは別に、平均身長の女性スタッフが着た写真と、着てみた本人の感想を載せるようにしました。You

Ｔｕｂｅでも同様にしています。

これも、少しでも多くの方に「自分が着たときのイメージ」をつかんでもらうためのちょっとした工夫。「真似しやすさ」の演出なのです。

話を戻しましょう。

インフルエンサーは、「真似しやすい存在」であることが価値です。

「自分が、自分が」という発想より、「何がみんなの参考になるだろう？」という発想で発信したほうが、ずっと見てくれる人は増えやすいはずです。

私だって、アパレルの専門家でもなければ、カリスマショップ店員でも、ファッションモデルでもありませんし、元々ただの事務の派遣社員です。それにもかかわらず、「プチプラ」を軸とした私の情報発信を、今では多くの方が見てくださっています。

「情報」が持ち味である以上、「そのことについてはオタク」というくらいの知識や情報は必要です。でも、発信のなかで表現する自分自身は、むしろ等身大のほうが好ましいといっていいでしょう。人から憧れられる必要はないのです。

そう考えると、ちょっと肩の力が抜けて、やってみようかなと思えてきませんか？

STEP 2

始める

誰だって踏み出せる第一歩

「センス」がゼロでも、真似から始めれば大丈夫

私は、誰にも負けない「好き」さえ見つかれば、それを仕事に繋げていく道は、誰にだって開かれていると思っています。

その理由は、ひと言でいえば「簡単だから」です。

びっくりされたかもしれませんが、本当にそう思うのです。

今は誰でもブログやSNSで発信できます。つまり、自分の「好き」を不特定多数の人たちに向けて発信するのは、簡単だということです。

では「発信を続けること」、さらに「多くのフォロワーを獲得する」というのは、どうでしょうか。これも実は簡単です。

例えばブログでは、自分のページのPV数（ページビュー数＝閲覧数）やランキングの推移が見られます。

これらを見て、いい動きが見られたときの理由や、よくない動きが見られたときの理由を考えれば、より多くの人に見てもらえるコツが見えてきます。

フォロワーを増やすというのは、何も雲をつかむような話ではなく、分析して、次はどうしようかと考え、実行していくだけ。私もそうやって、多くの方に見てもらえるようになりました。

もともとビジネスの専門家でもSNS戦略の専門家でもない私が、イチから始めてできたのだから、あなたにもできます。それくらい、実は簡単なことなのです。

「好きなことを発信するのは簡単といっても、その内容に自信がない」という人も、きっと多いことでしょう。

これも、意外かもしれませんが、難しく考える必要はまったくありません。

キラリと光るセンスがなくても、多くの人に「いいね！」と評価してもらえる発信は誰でもできるのです。

なぜかというと、**センスのいい人を「真似」してしまえばいい**からです。

最初から、たくさんのフォロワーがつくほどのセンスがある人は、世の中にひと握りしかいません。

実際、私自身も「センスのない側の人間」だと思っています。

「安くて質のいいもの」を探すことは大好きだし、それにかけては自信がありますが、洋服のコーディネートのセンスに対する自信は「ゼロ」といってもいいくらいです。

だから、「どんな組み合わせが流行っているのか」「どんな配色にしたら、あか抜けて見えるのか」といった点では、ファッション系で成功しているブログやSNSアカウントの写真を参考にさせてもらっています。つまり「真似」しているのです。

真似をすることを嫌がる人は多いと思います。むしろ「オリジナルなものでないと、発信してはいけない」とすら思っているのではないでしょうか。

人と違うことをしたいのに、人の真似をするなんて、プライドが許さない……？

でも、好きなことで成功したいのなら、そのプライドこそ、実は最初に捨てたほうがいいものです。

自分のセンスに絶対の自信があるごく一部の人を除いて、私は圧倒的に「真似」から始めてみることをおすすめします。

では誰を真似すればいいのか。これから目指したいのは情報発信特化タイプのインフルエンサーですから、芸能人のように自分の存在を売りにしているインフルエンサーではなく、良質な情報発信を売りにしている人を見つけて真似しましょう。

知名度は高くないのに、フォロワー数が10万人を超えていたり、いつも「いいね！」がたくさん付いていたりする人を見つけたら、どんどんフォローする。そして毎日のようにチェックし、「何を書いているのか？」「どんなハッシュタグを付けているのか？」「どんな写真か？」「どんな加工か？」などを考えてみてください。

「それだとセルフブランディングが……」などと思うかもしれませんが、そういうことは、むしろ二の次と考えてほしいなと思います。

「まず、始める」ことが重要です。それには真似どころか「完コピ」もアリといっ

完コピもアリ？　私の投稿をパクるなら……？

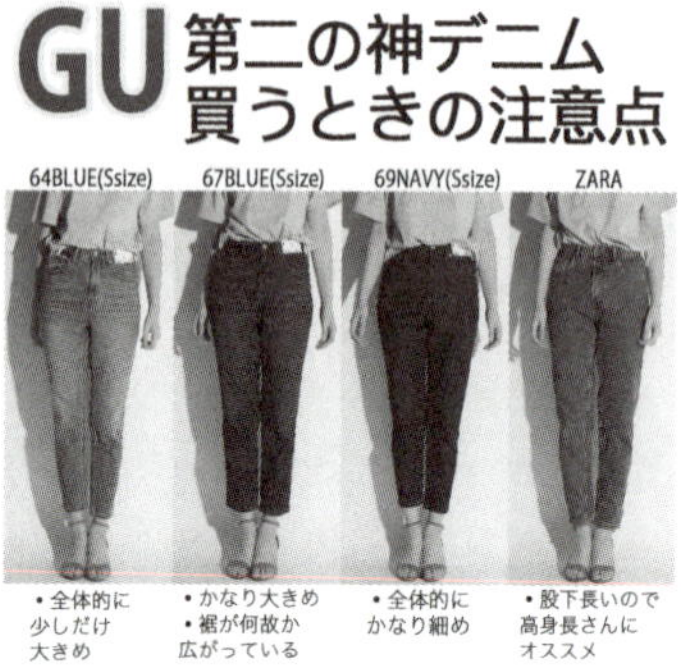

真似するポイント

同じモノを使い回すアイデア

↓

例えば……

卵を使ったレシピ５日分

など

真似するポイント

新作を比較検討

↓

例えば……

新機種カメラ比較レビュー

など

ても言い過ぎではありません（もちろん、人に迷惑をかけないことが前提です）。

なぜ、ここまで言えるのかというと、「自分」という人間は、この世に一人だけだからです。

つまり、どれほど誰かの真似をしても、そうしているうちに、自然と「自分」というエッセンスが含まれていくということ。それこそが「オリジナリティ」「セルフブランディング」のもとなのです。

だから、センスは基本、なくてオッケーです。

センスに自信がないのなら、まずそれを自分で認めて、誰かの真似から始めればいいだけ。フォロワーが多い情報発信特化タイプのインフルエンサーを真似するだけでも、かなり勉強になるはずです。

そんな心がまえでいれば、「好き」を発信する心のハードルは一気に下がるのではないでしょうか。

まず、発信する。

解析ツールを見ながら発信のコツをつかんでいく。

センスのいい人を真似する。なんなら完コピしてしまう。

これだったら、「自分にもできるかも」と思えてきませんか？

「SNSで収入を得る」仕組みとは？

「好き」が仕事になると聞いて、いまいちピンと来ていない人のために、ここでSNSが収入に繋がる仕組みについて簡単に説明しておきます。

まず、**ブログから得られるのはアフィリエイト収入と広告収入**です。

アフィリエイトとは、ある商品のHTMLタグをブログ内にコピペし、商品広告がブログ内に表示されるようにするというもの。その広告を読者がクリックした回数や、実際に商品を購入した数に応じて、アフィリエイト料が入ります。

私は「プチプラのあや」になる前に個人ブログをやっていました。そのころに少しだけアフィリエイト収入を得ていました。月2～3万円でしたが、思い返せば、「好

SNSで収入を得る流れ

収入源	ブログ（アフィリエイト）	ブログ（広告）	YouTube（広告）
収入構造	★誰でも始められる 手っ取り早く収入が得られる ⬇ 収益率は商品によって違う ⬇ 収益率の高い商品を追いかける「アフィリエイター」になってしまうかも？ ⬇ 「インフルエンサー」を目指すなら要注意！	★広告を入れるには条件が必須 公式トップブロガーになる（アメブロ・LINEブログ） 公式トップブロガーになるには？ 応募する or アメーバ、LINEから声がかかる ⬇ まずはアメブロで「1万PV／日」を目指そう！	★広告を入れるには条件が必須 ・チャンネル登録数1000人以上 ・過去12カ月の再生時間4000時間以上 ⬇ 意外と達成可能！ まず始めてみよう！

き」の発信がお金に繋がるんだという最初の手応えだったかもしれません。

アフィリエイト商品には収益率が高いものと低いものがあり、しかも日々入れ替わるものも多くあります。

そのため、**アフィリエイト収入だけに意識が向いていると、インフルエンサーではなく、いつも収益率の高い商品を追いかけている「アフィリエイター」になっていくかもしれません。**

アフィリエイトは、比較的手っ取り早くブログから収入を得る方法です。

それだけに、目の前のメリットに集中するあまり、「好き」を仕事にするという本来の目標からブレてしまう可能性があるのです。

もちろん、どんな収入源を選ぶかは好き好きですが、インフルエンサーを目指すなら要注意ポイントかなと思います。

ブログの広告収入は、PV数に応じて金額が決まります。私のブログはLINEブログとアメブロですが、両方ともオフィシャルにならないと広告収入は得られません。

LINEブログは、LINE側から「オフィシャルでブログを始めませんか」というオファーが届く場合と、自分で申請して認定される場合があります。また、誰でも登録できる「LINE@」は「LINE公式アカウント」にサービス統合されることになりましたが、統合後も以前と同じように使えるという話です。

一方、**アメブロ**のオフィシャル（公式トップブロガー）も、運営会社から声がかかる場合と、自分から申請して認定される場合があります。

Amebaのホームページによると、認定の基準は、

・多くの人を楽しませるブログを書いている方

- **誰もが読みやすい文章を書いている方**
- **特定の分野で専門的な記事を書いている方**
- **素敵な画像を投稿している方**

とあります。当然ですが、著作権侵害やポルノ系、誹謗《ひぼう》中傷、スパム記事は審査対象外となっています。

ともあれ、まずはインフルエンサーとして認知されることから始まります。ジャンルによって影響力の目安は違う面もありますが、ひとまず**「アメブロで1万PV／日」**を目指してください。「無理かも」と思ったかもしれませんが、本書に書いてあるとおりに実践していただければ、誰でも十分に実現可能な目標です。

YouTubeから得られる収入も広告収入です。収入額は、**「広告の単価×広告が再生された回数」**で計算されます。

仮に動画に2つ、冒頭と中盤に広告を入れたとすると、視聴者が前半で見るのを止めた場合は1つだけ、後半まで見た場合は2つとも広告が再生されます。つまり動画の再生時間が長ければ、それだけ広告が再生される回数も増えることになります。

広告単価は、企業が宣伝に力を入れる時期（3月、6月、9月、12月は単価が高い傾向にあるようです）や、途中でスキップできる広告よりスキップできない広告のほうが高い、などで異なります。

広告は「10分以下の動画」だと1回だけ、「10分以上の動画」だと何回でも入れられるという決まりがありますが、広告の種類は自分で設定できます。

ただし、**YouTubeには「チャンネル登録数1000人以上」「直近12カ月の総再生時間4000時間以上」でないと広告を入れられない**という基準があります（2020年3月現在）。

例えばチャンネル登録数が50人の人が公開した動画が、たまたまバズって100万回再生されても、広告が入っていないので1円にもならないということです。

ちょっとハードルが高いのは難点ですが、ブログ同様、良質な情報を発信していれば、チャンネル登録者数も再生時間も着実に伸ばせます。ぜひ次項からお話しするコツも実践して、動画発信力を磨いていってください。

「お金にならないSNS」も軽視できないワケ

今お話ししてきたブログやYouTubeとは違い、Twitterは、それ単体では収入を生み出しません。Instagramも、PR投稿（企業の依頼で投稿する商品PR）以外は収入になりません。

Instagramはフォロワー数が多ければ多いほどPRの単価が上がります。ただ、それ以上に大きいのは、**フォロワー数が多いと企業の目に留まり、商品プロデュースなどのお仕事が生まれやすくなる**という点。それと、ブログにフォロワーさんをリードすることで、ブログからの収入に繋がるという点です。

Instagramは、フォロワー数が1万人に達するとストーリーにリンクを貼

「お金にならないSNS」で収入の流れをつくる！

	Twitter	Instagram
収入源	★それだけでは収入にならない ・プロデュースした服を買ってくれたフォロワーさんの投稿などをリツイートする ・ブログのリンクを貼る	★PR投稿（企業の依頼で投稿するPR広告） ・プロフィールにリンクを貼れる（フォロワー数1万人以下） ・ストーリーにリンクを貼れる（フォロワー数1万人以上）

ブログに誘導する

れるようになります。フォロワー数1万人に満たなくても、プロフィール欄にはリンクを貼れます。

これらにブログのリンクを貼り付けておけば、**Ｉｎｓｔａｇｒａｍ→ブログという流れ**を作ることができます。

例えばモノを売りたいのなら、Ｉｎｓｔａｇｒａｍに商品写真と紹介を投稿し、「詳しくはこちら」「ご購入はこちら」などと記してプロフィール欄へとリードします。プロフィール欄からブログに飛んでもらえば、Ｉｎｓｔａｇｒａｍが間接的に収入に繋がったことになるわけです。

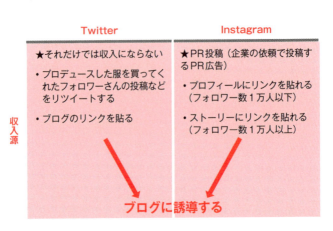

また、Ｉｎｓｔａｇｒａｍのアナリティクス（解析ページ）を見ると、ストーリーに貼り付けたリンクからブログにジャンプする数は、私の場合は１日あたり平均３００回、多いときは１万回にも上ります。

つまりＩｎｓｔａｇｒａｍは、それだけブログのＰＶ数を増やし、ブログの広告収入を底上げしているということです。

Ｔｗｉｔｔｅｒも、それだけでは収入になりませんが、ブログのリンクを貼るなど「告知媒体」として活用できるでしょう。

収入にならないからと避けるのではなく、**ＴｗｉｔｔｅｒやＩｎｓｔａｇｒａｍの特性を生かして上手に使うことで、インフルエンサーとして成功できる可能性はより高くなる**と言えるのです。

収入は後からついてくるもの、と考える

SNSで収入を得るイメージが湧いたら、一気にモチベーションが高まったかもしれません。ただ、最初から自分の「好き」で稼ごうとか、今の仕事をやめて「好き」を仕事にしていこうなどとは考えないほうがいいでしょう。

というのには、いくつか理由があります。

1つ目は、世の中の人たちは、そういう雰囲気を敏感に感じ取るものだから。

「稼ぐ気満々」な人は、あまり多くの人には見てもらえない、そんな傾向があるように思えるのです。

私自身、今まで多くのブログを読んできましたが、あからさまに「稼ぎたい気持

ち」が伝わってくる人のブログは、あまり「次回も読みたいな」とは思えません。

それは私だけでなく、世の中の大半の人も同じなのでしょう。

2つ目の理由は、**「手っ取り早く稼げる方法」に陥《おちい》ってしまいやすい**から。

とくにインフルエンサーの場合、「好き」より「稼ぎたい」のほうが上回ってしまうと、自分が本当に「いい」と思ったものではなくても、メーカーからの商品紹介の依頼を受けてしまうという可能性もあります。

これは一見、もっとも手っ取り早く「好き」がお金に繋がるケースのように思えるかもしれません。でも、メーカーからお金をもらって「自分が特別におすすめしたいわけではない商品を紹介する」というのは、実はインフルエンサーの命取りにもなりかねないやり方なのです。

何度もお伝えしてきましたが、情報発信特化タイプのインフルエンサーの強みは「情報」です。より厳密にいうならば「信用できる情報」であり、その**「信用」とは、「私が本当にいいと思ったので紹介します」というスタンスによって生まれる**ものです。

ところが、メーカーからの仕事を優先して商品を紹介した時点で、そのスタンスが失われてしまいます。

「稼ぎたい」が先走ってしまうと、こうして、インフルエンサーにとって最も大切な信用が損《そこ》なわれ、長続きしなくなってしまう危険があるのです。

そして3つ目の理由は、最初から「『好き』を仕事にしてやる」「これで稼ぐんだ」と目を血走らせていたら、何より自分が楽しくないし、幸せでもないからです。

これでは本末転倒でしょう。

本書の最初にお伝えした、**大好きなことを思いっきり楽しみながら生きる……というのは、今すぐ「好き」をお金にする方法を考えようということではありません。**

今より少しでも多くの時間を、好きなことに使う。自分一人で完結させずに、世の中に向けて発信することを始める。見る人に「いいね！」って思ってもらえるような工夫を重ね、発信し続ける――。

あなたの「好き」がお金に繋がる日が来るとしたら、その先のこと。**収入は後からついてくる**ものなのです。そう考えて続けたほうが、よほど気負いなく楽しく続けられるはずです。

まずはリスクゼロの「副業」から始めよう

あるアメリカの組織心理学者によると、「副業から始めると失敗する確率が33パーセント低くなる」そうです。

その理由の1つは、副業から始めたほうが、より自由に考えられるからでしょう。

自分の「好き」が、まだそれほどお金を生み出していないのに、仕事を辞めたら、どうなるでしょうか。多少の貯金はあったとしても、「早くマネタイズ（収益化）して、食べられるようにならなくちゃ」と焦《あせ》ってしまうと思いませんか？

人は、精神的な余裕がなくなると、どんどん発想力が乏《とぼ》しくなっていくものです。

もちろん、「背水の陣を敷《し》く」「人間、追い詰められたほうが底力を発揮できる」という考え方もあるでしょう。

でも、「困窮《こんきゅう》するかもしれない」という不安が発想力に制限をかけるとしたら、むしろ逆効果です。現時点で固定収入という生活のベースがあるのなら、わざわざそれを先に手放すことはないと思うのです。

副業ならば、最低限のリスクで好きなことを始められます。最初の目論見《もくろみ》が外れても、「仕事があるから大丈夫」と、すぐに気持ちを切り替えて再チャレンジすることもできるでしょう。

そんな**精神の安定が自由な発想を生み出し、より良質な情報発信とフォロワー数の増加、そして副業から本業へと成功する道も開かれやすい**といえます。

さらに副業で好きなことを始めると、そのために本業を早く終わらせるようになる、というメリットもあります。

例えば「毎日ブログを更新するんだ」と決めたとしましょう。それを徹底するには、あまり遅くまで残業なんてできません。

今までは、なかば無自覚で必要のない残業をする日もあったかもしれませんが、**副業で好きなことを始めたとたん、定時で終われるよう、今の仕事の効率も一気に上がる**というわけです。

好きな副業に割《さ》く時間を増やしたいから、本業を効率よく終わらせる努力を始めるようになる。これは私が好きなメンタリストＤａｉＧｏさんが書籍の中で言っていたことなのですが、「好き」の力は、こういうところでも発揮されるものなのです。

「書くこと」が好きな人はブログから

では手始めに、どんな発信方法を選んだらいいか。もし「話す」より「書く」ほうが好きならば、まず文章で発信してみるといいでしょう。

映画や海外ドラマのレビューなど長文を発信したい場合は、ブログが適しています。

逆に、短い文章で表現してみたいなという人はTwitter、写真がメインで文章は少しでいいという人はInstagramと、今は自分の好みやコンテンツの特性に従って、いろいろと手段を選べる時代です。

文章での発信というとFacebookを思い浮かべる人もいるかもしれません。

ただ、Facebookは基本的に知り合い同士が対象です。つまり比較的「閉じた表現空間」であり拡散力が弱いので、あまりおすすめしません。

私は、文章での発信はブログとＩｎｓｔａｇｒａｍをメインとしています。

ブログは「しっかりレビューを読みたい人」向け、Ｉｎｓｔａｇｒａｍは「ブログの長文を読むのが面倒な人」向けというスタンスです。

ブログでは紹介する商品を詳しく説明する一方、Ｉｎｓｔａｇｒａｍは写真にメーカーや値段の文字情報を入れ込むなど、「普段あまりブログを読まない人」にアプローチするにはどうしたらいいかを徹底的に考えて投稿しています。

Ｔｗｉｔｔｅｒは文字数が限られているため、プチプラファッションのレビューを載せるのには適していません。オンラインサロンなどの告知の他は、「ブログを更新しました」とだけ書いて、ブログのリンクを貼り付けるようにしています。

ＬＩＮＥも主にブログ更新の告知に使っています。ＬＩＮＥは開封率が高く、ブログへのアクセスにも確実に繋がっていると感じます。

このように、自分が発信するコンテンツのボリュームや内容によって、適している

特色を知って、SNSを使い分ける！

	ブログ	Instagram	Twitter	LINE
特色	しっかりレビューを読みたいフォロワーに◎	長文を読むのが面倒なフォロワーに◎	・文字数制限がある ・あるあるネタ、共感できる投稿がバズりやすい	開封率が高い
どう使っているか	商品を詳しく説明する	写真にメーカーや値段を入れるなど、ひと目で目を引くようにする	ブログ更新、オンラインサロンなどの告知をする ↓ ブログへ誘導	

SNS、適さないSNSは分かれますが、ひととおりアカウントを作っておいて、**自分のコンテンツに適さないSNSは告知に使う**というのもおすすめです。

また、ブログなど文章の発信に慣れてきたあたりで、動画にも挑戦してみるというのもいいでしょう。人見知りで口ベタな私も、最初はブログ、続いてYouTubeというふうに発信媒体を広げてきました。

これには「ブロガー」「YouTuber」というように、複数の肩書きを持つという意味合いがあります。

複数の肩書きを持つというのは、複数の収入

源を持つということ。すると精神衛生が保たれ、イノベーティブな発想が生まれやすい環境が整います。

また、世の中には「ブロガーはYouTubeをやらない」「YouTuberはブログをやらない」という傾向があります。その枠を超えて複数の媒体で発信することで、「この分野の情報なら、この人の発信が一番」というパイオニア的存在を目指せるのです。

「話すこと」が好きな人は動画から

もし、「書く」より「話す」ほうが好きだったら、YouTubeなどで動画を発信してみるといいと思います。

動画と聞いて「ハードルが高いな」と思ったかもしれません。不特定多数の人たちに向けて、自分の顔を見せて語りかけるとなると、ちょっと抵抗があるという人もいるでしょう。

オンラインサロンでも、そうした声が多く聞かれます。

でも、だからこそチャンスがあると考えてみると、どうでしょう。

動画配信はハードルが高い。あなたと同じように、そう感じている人は多いはずです。つまり、**トライする人が比較的少ないと考えられるため、競争相手が少ないぶん、チャンスがあるということです。**

私も、今はフォロワー数が最も多いＩｎｓｔａｇｒａｍに力を入れていますが、今後、さらに力を入れていきたいのはＹｏｕＴｕｂｅです。

街中で声をかけられるときも、「Ｉｎｓｔａｇｒａｍ見ています」と言われることはほとんどなく、たいていは「ＹｏｕＴｕｂｅ見ています」と言われます。ブログの写真より、人物が動き、肉声も流れる動画のほうが印象に残りやすいのでしょう。

そんなことからも、ＹｏｕＴｕｂｅの影響力の大きさを感じます。

「動画編集が難しそう」という心配もありそうですが、とくに画質にこだわるとか、画面に特殊効果や効果音を加えるといった凝《こ》ったことをしようと思わなければ、スマホの動画アプリや、ｉＰｈｏｎｅやＭａｃに搭載されているｉＭｏｖｉｅだけでも事足ります。

最初から完璧を目指そうと思ったら、いつまでも始められません。

それに努力して身につけたスキルが、いざ発信を始めてみたら、実は自分のコンテンツにはあまり必要なかった……ということもありえます。スキルを身につけるのに費やした時間が、ほとんど無駄になってしまうのです。

やはり重要なのは、まず始めてみること。

少し続けてみて、より高度な動画編集が必要だなと思ったら、そこからスキルを身につけていけばいいのではないでしょうか。

私は話すことが苦手だったため、YouTubeを始めた当初は、プチプラアイテムの動画に、自分で書いた原稿をアフレコするという形にしていました。

ただ、それだと再生回数が思うように伸びなかったので、「やっぱり自分が画面に出て話さないとダメだな」と思い直しました。

私にとって「話す」というのは、多くの人に見てもらうために努力したことの1つですが、もし最初のやり方でうまくいっていたら、おそらく同じ形を続けていたでしょう。スキルは必要だと思った都度、身につけていけばいいのだと思います。

そしてもう1つ、**「顔を出すのは抵抗がある」というのも、実は心配はありません。**

なぜなら、動画は、必ずしも「顔出し」が前提ではないからです。

現に、人気のYouTuberには、首から下しか映していなかったり、マスクをつけたりしている人もいます。

私と同じファッション系や、雑貨系といった商品紹介の動画ならば、顔を出さなくても、まったく問題ありません。ほかにも旅行系や、車・バイク系などなど、顔を出さなくても成り立つテーマのほうが多いくらいではないでしょうか。

芸能人は「自分という存在」を見せる職業であり、顔を出さなくては成り立ちません。でも、自分が気に入ったモノを紹介する情報発信特化タイプのインフルエンサーの場合、**持ち味は「情報」**です。インフルエンサーに問われているのは、あくまでも「フォロワーにとって、どれくらい有益な情報を発信するか」です。

その点が充実していれば、自分自身のプライベートな部分まで明かす必要はありません。**自分の顔すらも明かさずに、好きなことを動画コンテンツ化することはできるのです。**

というわけで、動画配信は、技術的にも心理的にも、それほどハードルの高いことではないと言っていいでしょう。

一度、試してみたら、きっと、「意外とできるな」と思ってもらえるはずです。

フォロワーが確実に増える発信のコツ

私は話すことより書くことのほうが好きだったので、まずブログを始めました。

最初に始めたのは「プチプラのあや」ではない個人ブログだったのですが、それに予想外に多くの反響をいただいたことで、やる気のスイッチが入りました。

もっとたくさんの人に読んでほしい。

プチプラファッションの情報発信を通じて、もっと多くの人に喜んでもらいたい。

その一心で、「プチプラのあや」となってからも、ずっと工夫を重ねてきました。

ここで私が実際に試行錯誤してきたなかで見えてきた、フォロワーが増える発信のコツをお伝えしたいと思います。

どれも読んでみれば、ちょっとしたこと、基本的と思えることばかりでしょう。

ただ、**その「ちょっとした基本的なこと」を、きちんと発信に反映させるかどうかで、反響の大きさは確実に変わってくる**のです。

◎ターゲットに役立つ情報を発信する

自分がターゲットとする人たちが求める情報を発信しなければ、フォロワーは増えません。当たり前のことではあるけれど、意外と外しがちな点でもあります。

発信の向こう側にいるターゲットの人たちは、一体どんな情報を求めているのか。わからなかったら、次のポイントをできるだけたくさん書き出してみてください。

- **ターゲットの悩みは何か？**
- **ターゲットの生活はどんなものか？**
- **その生活のなかで困っていることはないか？**
- **やりたい事は何か？**

求めている情報＝役に立つ情報です。それをつかむには、**まずターゲットがどんな生活をしていて、どんな事で困っているのかを考えてみる**ことをおすすめします。

◎ブログは「読みやすさ」が一番大事

不特定多数の人たちに向けて発信するわけですから、誰にとっても読みやすくする、というのはブログの基本中の基本です。

では「読みやすさ」は、どうやったら作り出せるでしょうか。

ポイントは3つです。

1つ目は、「空白」は、ほどほどにすること。

ブログの空白は、口頭での会話でいうと「間」「タメ」です。

間やタメには、話に抑揚《よくよう》をつけたり、雰囲気を出したり、余韻《よいん》を残したりできるという効果があります。でも、それがしょっちゅうだと、聞いているほうはイライラするでしょう。

ブログにもまったく同じことがいえます。

以前やっていたオンラインサロンの会員さんで、とても改行が多いブログを書かれている方がいらっしゃいました。1行書いて、しばらく空白、また1行書いて、しばらく空白、さらに1行書いて、しばらく空白……これでは、読む人は延々とスクロールやスワイプをしなくてはいけなくなり、イライラの元になってしまいます。

とくに、インフルエンサーの強みは「情報」です。

ときには余韻や雰囲気を演出するのも効果的かもしれませんが、持っている情報を、読む人が理解しやすいよう、効率的にテンポよくまとめることに、より重点を置いたほうがいいでしょう。

2つ目は、自分がとくに重要だと思う情報は、赤字や太字で強調すること。

これには、情報が効率的に伝わると同時に、画面にメリハリが出るというメリットがあります。「自分がとくに重要だと思う点」＝「読者にとってとくに有益と思われる情報」ととらえると、強調すべき点が見えてくるでしょう。

書籍でも、よく文章がところどころ太字や色などで強調されているものを見かけます（本書もそうですね）。その手法をブログにも適用するだけなのですが、意外と実践しているブログは少ない印象です。

そして**3つ目は、「スマホで読まれること」を前提とする**こと。

今はスマホでブログを読む人が大半です。アメブロのアナリティクスを見ても、スマホで読んでいる人が一番多いことが数字に表れています。

原稿はパソコンで書いたほうが速く、太字や赤字の加工もしやすいのですが、「最終的にはスマホで読まれる」ということを意識して書いてください。編集中の投稿をスマホで見てみるのもおすすめです。

すると、1文は長すぎず、1投稿のテキスト量は多すぎずと、スマホで読んでもストレスなく読み切れる程度に収めるようになるでしょう。これも、本当にちょっとしたこと。それでも、「読みやすさ」に大きく影響するポイントなのです。

◎「フォーマット」を決めておく

このコツは、「最初にこれを言って、次にこれを言って……」というふうに一定の流れを決めておく、ということです。

ブログでも動画でもいえることなのですが、自分にとってもフォロワーさんにとってもメリットがあるコツです。

私の場合、ブログは、次のような流れになっています。

(1) その日に紹介するアイテムのコーディネート写真(複数の写真を1枚にまとめたコラージュ。これが自動的に記事一覧のサムネイルとなり、閲覧数に影響するので入れています)

↓

(2) 飼い猫「なると」の写真とキャプション(アメブロのみ)

↓

(3)「今日ご紹介するのは～」から始まるアイテム概要(商品名や価格)とアイテム写真

←

(4)おすすめポイントと、そのポイントにフォーカスした写真

←

(5)「平均身長さん」が着た写真と、本人の感想

←

(6)私が着ているコーディネート写真

←

(7)コーディネートに使ったアイテムのブランド、商品名、価格の一覧

このように、**わかりやすい流れを大まかに決めておくと、見てくれる人は最後までストレスなく見られます。**それがリピート、フォローに繋がります。

また、発信する側の自分自身も、毎回イチから展開を考えなくて済むので、省エネになるという一石二鳥《いっせきにちょう》なのです。

◎理由や根拠を明確にする

これも「情報」が持ち味のインフルエンサーの発信では、とても重要なことです。

単に「これがおすすめです」「すごくいいんです」と紹介しても、見ている人には、どこがおすすめなのか、何がいいのか伝わりません。

「写真や動画があるのだから、見ればわかるでしょう」と思うかもしれませんが、それは違うと思います。

私の場合は、見ただけではわからない素材感も含めて、**なぜ数あるプチプラアイテムのなかからそれをピックアップしたのか、その根拠を示す**のは、見てくれる人に対する責任だと考えているのです。

だから私は、

「こういった生地の値段は本来高い、だからお得」

「この素材はシワになりづらいから扱いやすい」

「ポケットがついているから便利」

「同じ価格帯のこのアイテムは〇〇なことが多いが、これは〇〇が優れている」

などなど、私が気に入った理由や根拠を必ず示すようにしています。

そうでなくては、「プチプラのあや」が発信する意味がない。そういってもいいくらいに考えているのです。

これはもしかしたら、私自身がなるべく何事も100パーセント理解しないと納得できない性格であり、見ている人に向けても100パーセント理解してもらえるように発信したい、という思いが強いからなのかもしれません。

納得できる情報があるところに、人は集まってくるもの。

つまり、見ている人が納得できるような説明をすればするほど、あなたの情報を求めてくれる人やフォロワーが増えるに違いないのです。

ほかの人のブログやYouTubeを見ると、情報発信系の内容にもかかわらず、「おすすめです」「すごくかわいいです」といった言葉だけで紹介されているものが意外と多く見られます。

ということは、**理由や根拠をきちんと示すだけでも、実は差別化できる可能性が高い**と考えられるのです。これは、より多くの人に見てもらえることに直結する1つの強みになると考えてもいいでしょう。

◎「インスタ映え」は不要！ わかりやすさを重視する

ブログとＩｎｓｔａｇｒａｍは、「1枚目の写真」でクリックしてもらえるかどうかが決まる。そういっても過言ではありません。

なぜなら、**1枚目の写真が、その投稿のサムネイルになる**からです。

読む側に立って想像してみてください。サムネイルの写真で興味をそそられなければ、その写真をクリックして中身を読みたいとは思わないでしょう。

明らかに大事なポイントだと思うのですが、ほかのアカウントを見ていると、「1枚目の写真がサムネイルになる」ということを、しっかり意識できていないのかな、と感じることがよくあるのです。

情報発信特化タイプのインフルエンサーは「情報」が持ち味です。情報の質はもちろんですが、量も大事。**豊富な情報を、どれだけわかりやすくコンパクトに盛り込められるか**、という点も勝負だと思っています。

そして確実に読んでもらうには、1枚目の写真で、その持ち味を表現しなくてはいけません。

そのため、私は1枚目の写真は、複数の写真を組み合わせたコラージュにしています。サムネイルを見ただけで、「有益な情報がたくさんありそう」という印象を持ってもらうためです。

Instagramでは、いっそう、1枚目の写真に情報を盛り込むことを意識しています。

まず、2枚以上のコーディネート写真をコラージュして、「しまむら」「GU」「ユニクロ」などプチプラブランドのロゴと「絶対高見えのニットタンクトップ発見！」といった見出しを大きく入れています。

さらに、コーディネートで着用している洋服それぞれに矢印をつけて、ブランドと

センス不要！　大事なのは情報量

その情報が欲しい人が食いつきそうな画像やイラスト、文字を入れる

価格も書き込んでいます。

これを、「発見」ページ（虫メガネのページ）のサムネイルで見ると、プチプラブランドのロゴと見出しは読めて、コーディネート写真に書き込んだブランドと価格は小さくて見えない……という感じになります。

あえてサムネイルでは読み取れない文字を入れるというのも、実は狙いのうちです。すべての情報を大きな文字で入れると、かえって情報が伝わりにくくなるので、サムネイルで一番伝えたい情報は一番大きく、2番目に伝えたい情報は中くらいに、3番目に伝えたい情報は小さくしています。

メーカーのロゴを一番大きくしているのは、しまむら商品の投稿は「しまむらが好きな人」に、GU商品の投稿は「GUが好きな人」に見てほしいからです。

大きなロゴと中くらいの見出しで引き付け、小さくて見えないところは「何だろう？」という興味を喚起《かんき》できれば、見ている人は、その写真をタップして投稿を見てくれるでしょう。

こういう加工をすると、「インスタ映え」しない写真になります。

「インスタなのにインスタ映えしない写真を載せるなんてマイナスでは？」と思われそうですが、情報発信特化タイプのインフルエンサーの場合は違います。

何よりも情報が持ち味ですから、**インスタ映えにこだわるよりも、情報が盛り込まれたわかりやすい写真にしたほうが、閲覧数やフォロワー数は増えやすいのです。**

写真の加工には、無料アプリの「LINE Camera」「Phonto」がおすすめです。

LINE Cameraでは複数の写真のコラージュや文字入れの他、様々な画像加工ができます。書体の種類はＰｈｏｎｔｏのほうが多いので、オシャレな文字を入れたい人はＬＩＮＥ Ｃａｍｅｒａでコラージュや画像加工だけして、文字はＰｈｏｎｔｏを使って入れるといいでしょう。

◎写真の「質」で差をつける

どんなコンテンツでもビジュアル的な要素は必要だと思います。

なかでも載せやすいのは、やはり写真でしょう。

物を撮るのか、人物を撮るのか、風景を撮るのか、撮影する対象によってコツは違いますが、何を撮るにしても、ちょっとこだわるだけで、ただスマホカメラで撮影してアップしている人と差がつけられます。

私の場合、コンテンツはプチプラです。

ブログでは、私が選んだプチプラアイテムを、できるだけ詳しく、かつ魅力がちゃんと伝わるように発信したい。だから、アイテム写真には、実はかなりこだわっています。

プロの写真家ではありませんが、幸いなことに、今はアマチュアでも簡単に扱える画像処理ソフトがあります。

私が使っているのは、「Lightroom」というソフトです。月額約1000円とお手ごろながら、明るさの調整から色温度（光の色の変化の値）の調整、明瞭《めいりょう》度の調整、かすみやノイズの軽減などなど、かなり本格的な画像処理ができます。

誰かに使い方を習ったわけではないのですが、実際に扱っているうちに、実物の色合いに近くて魅力的な写真にするコツがつかめてきました。例えば、明瞭度を上げるとアイテムの輪郭《りんかく》がクッキリしてきれいになり、高級感が出る（人物の場合はNG）……などです。

また、同じデジタルデータでも「RAW」という形式で保存した写真だと、画素数が高いため、かなり写真を拡大しても画質が粗くなりません。

もし、私がブログを読む側だったら、絶対にアイテムの質感をできるだけつかみたいし、そのためには、紹介されているアイテムの写真をできるだけ拡大して高画質で見たいと思うはずです。

つまり、**「写真を拡大して見られない」「拡大はできるけど画質が粗くなる」などというフラストレーションを、読んでくれる人に感じさせてはいけないと思っています。**

だから、ブログに載せる写真はすべてＲＡＷデータで撮っているのです。

ぜひ私のブログの写真と、他のブログの写真とを、拡大して見比べてみてほしいです。

スマホカメラで撮った写真は、実は撮影して保存する時点でデータが圧縮された形式に変換されてしまうため、拡大して見るには限界があります。

それに、せっかくＬｉｇｈｔｒｏｏｍといった画像処理ソフトを入れても、スマホカメラで撮った写真は画像が粗すぎて、できる処理が限られるというデメリットもあります。

となると、写真はＲＡＷデータで保存できるデジカメで撮ったほうが手っ取り早く差をつけられる——という結論になりそうですが、まだまだスマホも侮《あなど》れません。

iPhoneXなど最新スマホのカメラには、RAWデータで保存できるオプションが装備されています。

また、RAWデータで保存したうえで画像処理ができる、**スマホ用のLightroomアプリ**もあります（ダウンロードは無料、アプリ内課金あり）。

このように、ツールという面では本当に今は恵まれた時代だなと思います。

もし、今持っているスマホがRAWデータで保存できるスペックなら、Lightroomだけ導入して画像処理に挑戦してみてください。

そうでないのなら、まずLightroomアプリで試してみるか、スマホを最新式のものに買い換える。あるいは思い切ってデジカメを買うのもいいと思います。

デジカメも、コンパクトデジタルカメラから一眼レフ、ミラーレスと、それぞれスペックも値段もピンキリ。最上位機種なら確実ですが、ひとまずスマホカメラと差をつけると考えれば、5万〜10万円のもので十分でしょう。

5万〜10万円だって、もちろん、けっこうな出費だと思います。

そこで考えてみてほしいのは、この出費をどう捉《とら》えるか。

ビジュアル面で差別化する方法を、自分で考え抜いてひねり出す時間をかけるより、道具に頼れる部分は頼ってしまったほうが早い、というのが私の考えです。

何を発信するか、どういう文章にするかなど、自分で考えなくてはいけないことはたくさんあります。

スマホを買い換えるのもデジカメを買うのも、Ｌｉｇｈｔｒｏｏｍといったソフトを入れるのも、なるべく時間や労力を抑えながら差をつけるための「投資」です。そこで抑えられる分、本当に必要なところに時間や労力をかけられるというわけです。

◎YouTubeでは「再生時間」を伸ばす工夫をする

ＹｏｕＴｕｂｅは「再生回数」が勝負と思っているかもしれませんが、それ以上に**重要なのは「再生時間」**です。

といっても、長い動画は、そもそも敬遠される危険があります。「空き時間で見られるコンパクトな動画をマメにアップする」と考えたほうがいいでしょう。適切な動画の長さは10分前後くらいを目安にしてください。

いい動画にするためにできる工夫はたくさんありますが、ＹｏｕＴｕｂｅの仕様変更によって、加えるべき工夫が変わることもあります。

最近の仕様変更では、「おすすめ」一覧のサムネイルが静止画ではなく動画になりました。

視聴者がサムネイルを見ている時間も再生時間にカウントされるため、**いかにサムネイルで流れる動画を長く見てもらえるかも、再生時間を伸ばすカギ**になっています。

また、サムネイルで見たときの最初の「つかみ」がよければ、視聴者はサムネイルから本編へとジャンプしてくれるはずです。

そのため、動画の最初のほうにだけテロップを入れるのもおすすめです。

サムネイルだと音声は流れません。そこで、テロップを入れることでサムネイルを見ている人の再生時間を伸ばし、さらにテロップで動画内容に関心を持ってもらって本編へとリードしようというわけです。

再生時間が長い動画は、ＹｏｕＴｕｂｅ側に「いい動画」と認識されます。すると

「おすすめ」にも表示されやすくなるため、さらに再生時間が伸びたり、チャンネル登録数が増えたりすることに繋がります。

また、フォーマットを決めておいたほうがいいというのはYouTubeも同じです。参考までに、「プチプラのあやチャンネル」の基本のレビュー動画は、次のような流れになっています。

（1）最初のあいさつ
↓
（2）その日に紹介するアイテムの概要
↓
（3）商品名、価格、購入したサイズなど
↓
（4）そのアイテムの関連情報（昨年の同ブランド、同アイテムとの比較など）

←（5）私が気に入った理由、あれば難点（太って見えるなど）と対処法（着方のコツ）
←（6）「平均身長さん」が着てみた感想
←紹介するアイテムの数だけ（3）（4）（5）（6）を繰り返す
←（7）紹介したすべてのアイテムの私のコーディネート写真
←（8）最後のあいさつ

ちなみに、最新式のスマホには手振れ補正機能などがついており、ある程度は高度な動画を撮影できます。ただ、もし「自分のコンテンツは、できるだけ質の高い動画で見せたほうがいい」と思うのなら、デジタルビデオカメラを買うというのも1つの選択肢です。

一方、**YouTubeで気をつけたいのは動画内で使用する音楽**です。

最近、よくJASRAC（日本音楽著作権協会）の請求問題がニュースでも取り上げられているとおり、著作権のある音楽を許可なく使用すると、商用、非商用（広告が入っているかどうか）を問わず警告を受ける場合があります。

動画で音楽を流したい場合は、YouTubeが提供している著作権フリーの音楽を使う、あるいは音楽素材の著作権販売サイトで何曲か買って、使い回すというのもいいでしょう。

又は、YouTuberのマネジメント会社「UUUM（ウーム）」系列のUUUMネットワークに加盟するという方法もあります。動画の広告収入が月5000円以上の人は月額500円の会費がかかりますが（それ以下の人は無料）、UUUMネットワークでも著作権フリーの音楽素材を提供しています。

ネットの世界で「オフィシャルな存在」になる

フォロワーが増えれば増えるほど、あなたは「インフルエンサー」として世間に認知されていきます。すると「好き」が仕事に繋がる道も開けていきます。

ブログのPV数が安定して多かったり、ランキングが上位になったりすると、そのブログの運営会社や別のブログ運営会社から「うちでオフィシャルブログを書きませんか」というオファーが届くことがあります。

私の場合は、

・**WEAR（ファッションコーディネートアプリ）を始めて1年ほどで、オフィシャルに当たる「WEARISTA（ウェアリスタ）」に認定された**

・WEARISTAになったのと同じころに、LINEブログから公式ブログのオファーがあり、続いてアメブロからも公式トップブロガーのオファーがあった

という流れで次々とオフィシャルになることができました。1つの媒体でオフィシャルになると、連鎖的に他媒体からもオファーが来た印象です。

Instagramの場合は、「いいね！」が多いなどエンゲージメント率が高いと、ファッション系を多くフォローしている人のInstagram内で、「発見」ページのサムネイル一覧に載るようになります。

Instagramでは、フォローしているアカウントと似た傾向のアカウントが優先的に「発見」に出るように、アルゴリズムが組まれているのです。

こうして、**徐々にネットの世界で「オフィシャルな存在」になっていくと、ネットの枠を飛び越えて仕事のオファーが舞い込むようになります。**

私が今、プチプラブランドの商品をプロデュースしたり、こうして本を書いたりと、

インフルエンサーとしてのお仕事をさせていただいているのも、すべては、たくさんの方に発信を見ていただけるようになったことが始まりです。

そしてなぜ、たくさんの方に見ていただけるようになったかというと、自分の「好き」を発信する（私の場合はWEARでした）という、本当に小さな一歩を踏み出したから。そこから一つひとつ工夫を積み重ねてきたからなのです。

何もかも、**まず「始めること」なしには起こり得ない**というわけです。

STEP 3

続ける

地味かもしれないけれど、
すごく大事なこと

「やる」と決めたら、徹底的にやってみる

発信を始めたら、次に意識したいのは、いかに発信を「続ける」か。

といっても、飽きてしまったこと、苦しくなってしまったことを無理して続けるという意味ではありません。

発信するのは楽しい。その前提で、より多くの人に「いいね！」と思ってもらえるような発信に進化させていくには、どうしたらいいのでしょう。

そのための心がまえやコツを、これからお話ししていきたいと思います。

発信すること自体は楽しくても、見てくれる人が一向に増えなければ、遅かれ早か

れ「私、何やってるんだろう……?」なんて虚《むな》しくなってしまうでしょう。

私自身の経験から、「やる」と決めたら徹底的にやってみるんだと心を決めることが、まず大事です。

「プチプラのあや」になる前に個人ブログを始めたころ、私は1日2回、午前中の10時ごろと夜の19時〜22時にブログを更新していました。

なぜ、この時間帯に定めたかというと、それこそ「徹底的にやってみた」からです。ブログを始めて1〜2カ月くらいで、まず「意外と多くの方に読んでいただいているんだな」と思いました。そうなると、「もっと頑張らなくちゃ」「もっと多くの人に伝えたい」という気持ちがムクムクと湧き上がってきました。

そこで、なかばゲーム感覚で、**いろいろな時間帯と更新回数を試してみた結果、午前中の10時ごろと夜の19時〜22時という2つの時間帯に更新すると、もっともPV数が上がるということがわかった**のです。

そうと決まれば、そこからは「徹底的にやってみる」でした。

更新時間がマチマチだと、読まれる確率が低くなってしまいます。

だから、どれほど仕事が忙しくても、お盆でもお正月でも、必ず1日2回、同じ時間帯に更新する、というのを続けました。

そのために、ブログに載せる写真は週末に1週間分を撮りためていました。平日に仕事が終わってからだと撮影が夜になり、写真が暗くなってしまうからです。

残業で遅くなり、家に帰ってからでは夜22時までに更新できない日は、帰宅途中のネットカフェで更新したりも……。我ながらストイックだったなと思います。でも、そのすべてが今に繋がっていると感じます。

最初は「こんな安くていいものを見つけたよ」って伝えたくて何となく始めたブログでしたが、おかげさまで、**割とすぐに1記事あたり3万〜5万PVくらいになりました。**

そこからいったんアメブロはやめて、今度は「プチプラのあや」としてWEAR、LINEブログ、YouTube、Instagramへと広げていき、再度アメブロをスタートしたという感じです。

こうして発信の幅が広がっていったわけですが、それは私にセンスがあったからだとは思いません。

「いったん始めたら突き詰めずにはいられない」「決めたことは、やらないと気持ち悪い」という私の性格も手伝って、「とにかく徹底的にやってみた」からだと思うのです。

どんな時間帯に更新するとPV数やランキングが上がるのかなどは、おそらくテーマやターゲットなどによっても違うと思います。

ここでお伝えしたいのは、**徹底的にやってみることで自分なりの成功法則が見えてくるということ。工夫次第で、より多くの人に見てもらえる可能性が広がる**のです。

ブログや動画のアカウントを開設したら、「徹底的にやってみる」というスタンスで、どんな時間帯に、どんな内容を上げたら、より多くの人に見てもらえるのか自己分析してみてください。

これは、ただ「続けるため」ではなく、「続けることで多くの人に見てもらえるようになるため」、そして「多くの人に見てもらい続けるため」の出発点なのです。

日々の小さな「振り返り」がフォロワー増加につながる

フォロワーを増やしていくには、「発信して終わり」にしないことが大切です。

配信するごとにアナリティクス（アクセス解析ができる機能）はチェックしましょう。

私も、毎日チェックしています。とくにInstagramは、私の場合、フォロワーさんの増減が激しい媒体なので、注意深く推移を観察しています。

とてもありがたいことに、今でも1日に平均1000人ほどフォロワーが増えているのですが、ガクンと下がるときがあります。

新規フォロワーが大幅に減るどころか、マイナスになる、つまり新たなフォロワーの数より、フォローを外した人の数のほうが多くなってしまうこともあります。

そんなときは、最近の投稿の何がいけなかったのか、なぜ、フォローを外されることになってしまったのかの原因を考え、すぐに改善点を次の投稿に反映させます。

少し前にも、大幅にフォロワーが減ってしまったことがありました。

理由を考えてみると、Ｉｎｓｔａｇｒａｍのフォロワー層が求めている情報が減っていたのかもしれないと思い当たりました。というのも、Ｉｎｓｔａｇｒａｍのフォロワー層が好きそうなプチプラブランドの新作が少ない時期だったのです。

アナリティクスで過去３カ月分の投稿を振り返ってみても、やはり、そのブランドの投稿が、圧倒的にいい反応を呼んでいたことがわかりました。

こうしたことを突き止めるのは、難しいことではなく、過去との比較からすぐにわかることです。そして、わかったら、次から生かせばいいだけです。実際、そのブランドの投稿を意識的に増やすようにしたら、すぐにフォロワー数は元どおりになりました。

アナリティクスの細かさなどは媒体によって異なりますが、**多くの媒体にアナリティクス機能はあります。それぞれの特徴を把握して分析に役立てれば、プラスになった原因もマイナスになった原因も、比較的簡単につかめるようになるでしょう。**

「次にすべきこと」が見えてくる！アナリティクス活用法

Ｉｎｓｔａｇｒａｍでアナリティクスを見るには、まずアカウントの種類を「個人用アカウント」から「ビジネスアカウント」もしくは「クリエイターアカウント」に切り替える必要があります。

ビジネスアカウントは、主にＩｎｓｔａｇｒａｍに広告を出したい法人向けのアカウントなので、インフルエンサーには**クリエイターアカウント**がおすすめです。

切り替え方は簡単です。

プロフィール画面から設定（右上の3本のバー）を開き、設定→アカウントと進んだら「プロアカウントに切り替える」を選択し、「クリエイター」を選択します。次に一覧からカテゴリを選択し、残りの必要事項を入れれば完了です。

アカウントを切り替えると、設定に**「インサイト」**という項目が表示されるようになります。これがInstagramのアナリティクスです。

私が必ずチェックするのは、設定内の「アーカイブ」と、インサイトすべてです。

「コンテンツ」欄の「フィード投稿」「ストーリーズ」には、投稿ごとの**新規フォロー数がランキングで表示**されます。

ここを見ながら、新規フォロワーが増えた投稿は何がよかったのか、逆に新規フォロワー数が少ないとか、フォローを外されてマイナスになってしまったのは何が原因だったのかなどを振り返ることができます。

「アーカイブ」では、**ストーリーごとに、貼り付けたリンクにジャンプしてくれた回数がわかります。**

私の場合は1日平均3000回なので、平均の水準ならば「とりあえず順調」、平均より低かったときは「何かがよくなかった」と判断して改善法を考えます。

Ｉｎｓｔａｇｒａｍは簡単で始めやすいうえに、利用者が多いＳＮＳです。ここでフォロワーが増えると、68ページで説明したように、ブログのＰＶ数が伸びるなど収入に結びつけやすくなるので、Ｉｎｓｔａｇｒａｍのインサイトはマメにチェックして投稿内容を分析し、改善を重ねるといいでしょう。

ＹｏｕＴｕｂｅとアメブロについても、簡単にアナリティクスの見方を紹介しておきます。

ＹｏｕＴｕｂｅは、ホーム画面で右上のアカウントのアイコンをクリック、プルダウンメニューから「チャンネル」を選択し、自分のアカウントページを開きます。右上の「ＹｏｕＴｕｂｅ Ｓｔｕｄｉｏ（ユーチューブスタジオ）」をクリックするとページが切り替わり、左側に「アナリティクス」という項目が現れます。

ＹｏｕＴｕｂｅのアナリティクスでは、動画ごとの再生回数の折れ線グラフをはじめ、過去28日間に投稿した動画の人気ランキング、サムネイルのクリック率、視聴者

Instagramを「クリエイターアカウント」に切り替える

「インサイト」で自分の投稿を分析してみよう！

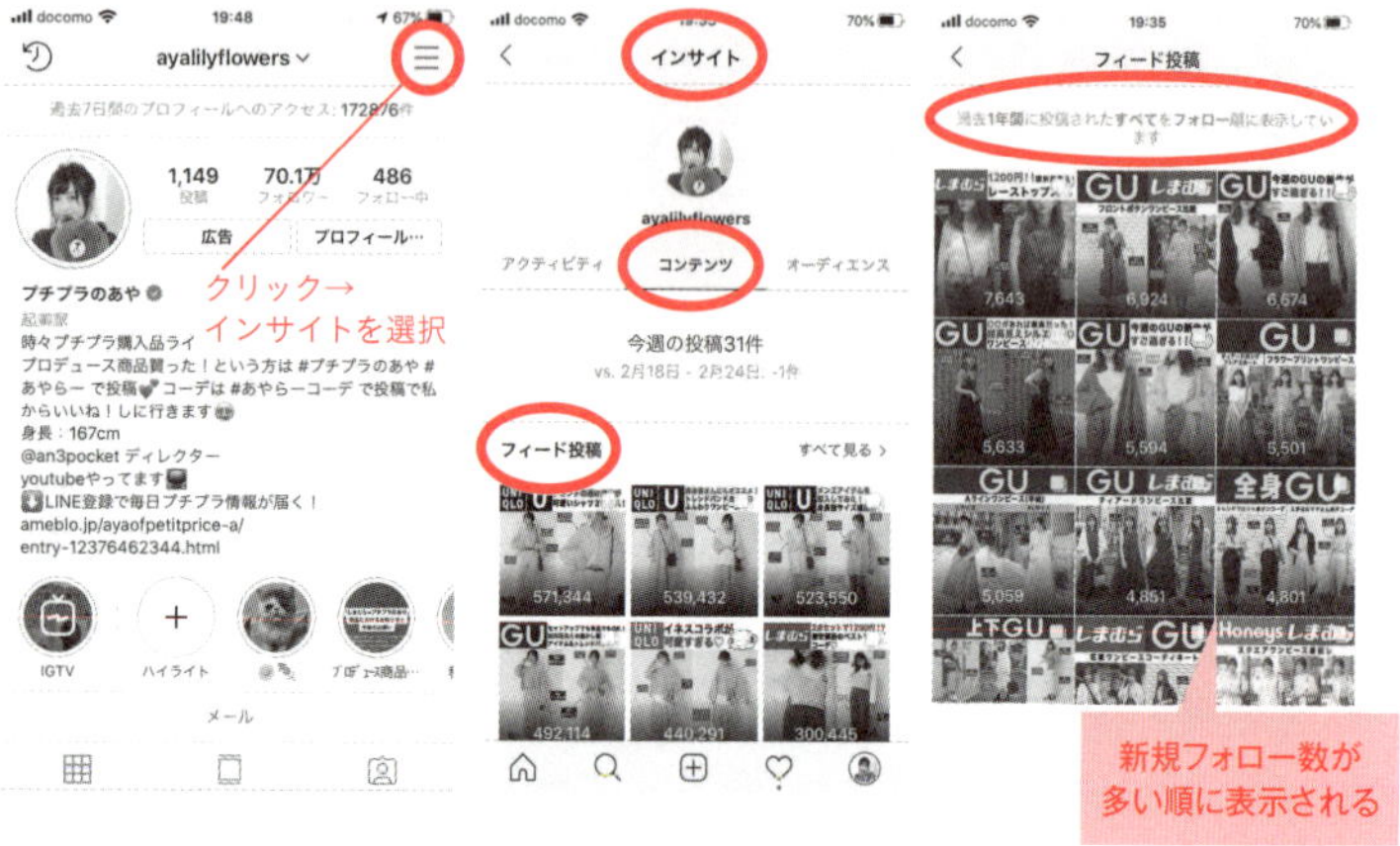

の属性などが見られます。

なお、スマホでＹｏｕＴｕｂｅのアナリティクスを見るには、ＹｏｕＴｕｂｅ Ｓｔｕｄｉｏのアプリをダウンロードする必要があります。

アメブロでは、**マイページの「アクセス解析」**を開きます。残念ながら、あまり細かい解析はされていないのですが、ＰＶ数の推移は要チェックです。

ただし、自分のブログがトピックスに上がったりすると、自然にＰＶ数は上がります。そのため、インフルエンサーとしての活動が広がってくるほどに、アメブロのアナリティクスは、投稿の良し悪しを分析したり、読者数を把握したりする基準としては、あまりアテにならなくなってきます。

そんな逆転現象が起こる可能性もありますが、最初のうちは手応えを測る目安になるでしょう。

もっと詳しくブログのアナリティクスを見たい人には、「Googleアナリティクス」をおすすめします。これは、モニターしたいサイトの基本情報を登録すると、訪問者数などが見られるようになるというもの。無料で、登録も簡単と謳《うた》われています。

アナリティクスを見れば、反応がよかった投稿、反応が悪かった投稿が一目瞭然《いちもくりょうぜん》です。それを元に「何がよかったのか」「何が悪かったのか」を考えれば、「次にすべきこと」は自《おの》ずと見えてくるというわけです。

些《さ》細《さい》な「なぜ？」をそのままにしない

長く発信を続け、フォロワーを着実に増やしていくには「分析眼」が必要ということが、今までの話で何となく伝わっていたら嬉しいです。

言い換えると、これは**「なぜ？」を考えるクセをつける**ということです。

私は、もともと「理由がわからない状態」を放っておけず、「なぜ、なぜ、なぜ」と突き詰めずにはいられません。以前は無自覚でしたが、そんな性格のクセが、どうやら長く続けることに役立っているようです。

例えば世の中で流行っていることや、起こっていることについても、よく私は「なぜ、そうなっているんだろう？」と考えます。

ファッションに限らず、「なぜ、このドラマは人気なんだろう？」「なぜ、この映画は大ヒットしたんだろう？」などなど挙げ出したらキリがありません。

自分が何かに心惹《こころひ》かれたときや気になったときに、「なぜ惹かれたんだろう？」「なぜ気になったんだろう？」と自問自答することもたびたびです。

プチプラ商品を選ぶときにも「今、これを『かわいい』と思って手に取ったけれど、なぜ、私はこれが『かわいい』と思ったんだろう？」と必ず考えます。それが自分でわからなければ、ブログや動画でも、うまく説明できないからです。

「これ、かわいいですよね」と言うより、「これは、こういうところがかわいいと思います」と言ったほうが説得力は増すし、共感も得やすいはずです。

だから、自分の感性は大切にしたいけれど、感性だけでは済まさずに、必ず「なぜ？」と理由を考えるようにしているのです。

日々の発信についても、ブログのＰＶ数が下がったのなら「なぜ下がったんだろう」、上がったのなら「なぜ上がったんだろう」と考えてみる。すると、「これがダメだったのかも」「これがよかったのかも」ということが見えてきます。

そこで見えた答えが正しいとは限りません。

でも何かしら答えが見つかれば、次の発信に生かせます。

そして次の発信によって、また変化が起こったら、また「なぜこうなったんだろう」と考えてみることで、また何か答えが見えるでしょう。

考えるのは頭を使うし、面倒と感じる人も多いでしょうから、途中で「もう、このままでいいや」と考えることを放り出したくなってしまうかもしれません。

でも、「なぜ？」という思考グセは、必ず続けることに役立ちます。

「なぜ？」と自問自答し続けることで、「好き」の発信は、より多くの人に届くものへと磨かれていきます。 私の経験からも、はっきりそういえるのです。

週に一度「息抜き投稿」の日をつくる

「やる」と決めたら徹底的にやる、毎日、アナリティクスを見て投稿を振り返り、分析する、「なぜ？」を突き詰める……と、ちょっとストイックな話が続きました。

これらがプレッシャーとなってしまうのは、私の本意ではありません。**一番大事なのは、とにかく続けること。**そのために、100パーセント全力投球ではない、言ってみれば「息抜き投稿」をする日があってもいいでしょう。

私の場合は「期間限定価格アイテム」の紹介記事が、それに当たります。

これは、週に一度、ユニクロとGUが期間限定のセール価格で販売する商品のうち、私が注目しているものをピックアップして紹介する、というものです。

普段のブログは、コーディネート写真と商品写真を撮り、画像処理を行い、原稿を書き……と、トータルで3〜4時間かけて完成させています。

「期間限定価格アイテム」の記事は、ユニクロのサイトの写真をキャプチャして、短いコメントをつけて載せるだけ。これなら、だいたい30分もあれば十分です。

しかも、「期間限定価格アイテム」の記事が、実は一番Ｉｎｓｔａｇｒａｍからブログにジャンプしてきてくれる人が多かったりします。

「期間限定価格アイテム」を狙ってユニクロ・ＧＵに行く人が、かなりたくさんいるということなのでしょう。通常より安く買えるのですから、うなずける話です。

というわけで、「期間限定価格アイテム」の記事は、私にとっては週に一度、ちょっと手を休められる回であると同時に、読む側にとっては手っ取り早く目玉商品がわかる回となっているのです。


ときには息抜きしながらでも、発信し続けることが大事です。

時間と労力をかけてブログや動画を作成するのが負担になってきたら、30分で仕上げたものでもいいから、発信し続けてほしいなと思います。

先ほどお話しした「期間限定価格アイテム」は、やってみたら意外と反応がよかったので続けることにしました。

時間がなくても何かしらアップすることで、時間をかけずに作れて、しかも意外と需要のあるコンテンツが見つかる場合もあるのです。

新鮮な情報を得るためのちょっとしたコツ

より多くの人に見てもらえるような発信を続けるには、**他者から有益な情報を仕入れる**ことも重要です。

私の場合、もっとも優先したいのは、やはり自分でもわかっている「センスがない」という点を補うための情報収集です。

トレンドをつかみ、センスを取り入れるために、例えばＷＥＡＲのランキング上位の人を毎日チェックしています。

Ｉｎｓｔａｇｒａｍでは「プチプラのあや」とは別の個人アカウントを作って、「この人はセンスがある！」と思う人を片っ端からフォローしています。

Instagramは1人5つまでアカウントを作れるので、このように情報収集のためのアカウントを作っておくのもおすすめです。

これに加えて、より良質で喜ばれる動画配信をしていくために、ドラマやリアリティショーなども参考にしています。

例えば石原さとみさん主演のドラマ「地味にスゴイ！　校閲ガール・河野悦子」（日本テレビ系）は、毎回、主人公の「今日のファッション」を着せ替え人形のようにクルクルと見せているのがおもしろいなと思って、YouTubeに取り入れたことがあります。また、男女が共同生活をするリアリティショー「テラスハウス」は、私のフォロワー層とも重なる若い出演者たちの興味や動向が参考になりました。

映画の映像の美しさに圧倒され、動画スタッフと情報共有することもあります。

映画撮影のプロが使っている機材と、私たちが使っている機材とでは比べものになりません。**それでも「何か盗めることはないかな」というつもりで見ていると、何かしら真似できることが見つかるものです。**

改めて振り返ってみると、今の私は、仕事に結びつかないインプットはほとんどしていない——そういっても言い過ぎではないかもしれません。

映画でもドラマでも、何を見ても「こういう見せ方は、ブログに生かせるな」「こういう撮り方ができるかどうか、動画編集のスタッフに相談してみよう」などと考えている気がします。

「いつでも何を見ても仕事一色だなんて、気が休まらなさそう……」と思いますか？

いいえ、そんなことはありません。

なぜかというと、「好き」が仕事になっているからです。

好きなことが仕事になると、「何を見ても仕事に結びつく」というのは、イコール「何を見ても好きなことに結びつく」ということ。気が休まらないどころか、いつも楽しくて充実感で満たされているのです。

もともとセンスに自信のある人なら、ここまで情報収集しなくてもいいのでしょう。

でも、私は自分のセンスをほとんど信用していません。

実際、忙しいときなど情報収集がなおざりになると、目に見えてＰＶ数や「いいね」数、フォロワー数が減ったりします。そのたびに「結果は正直だな」「フォロワーさんには伝わるんだな」と思い、**情報収集の重要性を痛感する**のです。

発信内容に関する情報だけでなく、「好き」を仕事にし続けるためのインプットも大切にしています。

例えば、堀江貴文さんや西野亮廣《あきひろ》さん、メンタリストＤａｉＧｏさんの書籍や有料動画は、一般的な社会人とは違う生き方を選んだことや、経営者としてビジネスを続けていくことについて多くの示唆《しさ》を与えてくれます。

また、自分のオンラインサロン運営の参考のために、堀江貴文さんや西野亮廣さんのオンラインサロンにも、いっとき参加していました。

知りたいことは、そのことで成功している人に学ぶのが一番早いからです。

発信内容をよりよくするための情報収集と、自分の意識を高めるための情報収集。どちらも、「続けること」につながる情報収集なので、それぞれに**自分にとって確実な情報源を見つけておく**といいでしょう。

目先のお金よりも「信用」を最優先に考える

自分の「好き」を突き詰めれば、誰もが、その「好き」に関するインフルエンサーになれます。

旅行でもバイクでもカメラでも釣りでも、あるいはもっとニッチなジャンルでも、それだけに特化したブレない発信を続けることで、自分自身が、そのジャンルの「第一人者」、つまりインフルエンサーになれるのです。

インフルエンサーのなかには、テレビに出ている芸能人くらい有名な人もいますが、私は芸能人とインフルエンサーを明確に区別しています。

知名度の違いではありません。

ひと言で言えば、扱う情報に対するスタンスの違いです。

テレビコマーシャルもインフルエンサーの発信も、ある商品やサービスの情報を提供するという点では同じです。

でも、テレビコマーシャルは「宣伝」です。メーカーなどの企業が、自社が提供している商品やサービスの魅力を広く伝えるために、芸能人にお金を払って宣伝してもらうわけです。

その点で、インフルエンサーはまったくスタンスが違うのです。

どんな情報を発信するかの基準は、あくまでも自分自身。つまり自分が「いいな」と思ったものを情報発信するのがインフルエンサーということです。

インフルエンサーになると、企業からPRを依頼されることもありますが、それも自分が「いいな」と思った商品でなければ引き受けないというスタンスが大切です。

私も、ずっとそのスタンスで続けていました。

そのスタンスを失ったら、あなたのアカウントは「何でも引き受けるPRアカウント」になり、フォロワーからの信用も一緒に失われてしまうでしょう。

ある程度の数のフォロワーが付いたところで低迷するインフルエンサーは多いのですが、最大の理由はこれだと思います。

あなたも、「この人がすすめるものなら使ってみようかな」とフォローしていたインフルエンサーが実は単なる宣伝をしていたとわかったら、かなりガッカリしませんか？「なんだ、じゃあ、もう見なくていいや」と、フォローを外してしまうのではないでしょうか。

もし、あなたが何かのインフルエンサーになったとして、自分が「いいな」と思っていないものを宣伝のために紹介したら、これと同じことが自分に起こるわけです。

フォロワーからの信用はインフルエンサーの命綱です。フォロワーからの信用が増すほどにフォロワーの数も増え、まず1つの仕事、次はもっと大きな仕事、というふうに繋がっていきます。

そんな好循環を作っていくためにも、**目先の利益にはとらわれず「自分が本当に好きなもの」「自分が本当に興味のあるもの」だけを発信していきましょう。**

信用を守る考え方

「好き」を仕事にしていくには、もちろん企業との関係も大切です。

私も、プチプラブランドから、商品プロデュースなどの依頼をいただいています。

だから、「プチプラが好き」ということが、自分一人だけでなく数名の社員を養えるくらいの仕事になっています。

ただ、それでも絶対に譲れないのは、私は自分の情報発信では、自分が「いいな」と思ったものしか紹介しない、という点です。

つまり**企業との関係は大切でも、お金を優先順位に置いた仕事の受け方は、絶対にしないということ。これも、「プチプラのあや」の信用を保つためです。**

実は以前、あるプチプラブランドから、こんなお願いをされたことがあります。

「今度あやさんがプロデュースする商品のなかで、一番のおすすめの色をあらかじめ多めに生産しておきたいです。ついては、どの色をおすすめの色として紹介していただけるか、先に決めていただけませんか？」

そう言われて送られてきたのは、小さな生地サンプルだけでした。これでは各色で作った洋服が、実際にどんな仕上がりになるのかわかりません。

仮に、その生地サンプルから想像しただけで、「ブルーを紹介する」と決めたとします。ところが、いざ出来上がってきた商品を見たときに、「ブルーよりベージュのほうがいいいな」と思ったら、どうなるでしょう。

先に決めてしまった手前、私は「本当はベージュのほうがいいのにな」と思いながらも、「ブルーがおすすめです」と言わなくてはなりません。

つまり、**フォロワーさんに嘘《うそ》をつくことになってしまう**のです。

それだけは、絶対にしたくありませんでした。プロデュースは正式なお仕事として依頼を受けていたものでしたが、先におすすめの色を決めるという点だけは、私には受け入れられない話でした。

もちろん企業としては、より確実に売上数の目処《めど》を立てたうえで生産数を決めたほうが効率的です。それはよくわかります。わかるけれど、私は先方のビジネス効率性と引き換えに、**大切なフォロワーさんの信用を失うわけにはいかない**のです。

先方からは「これはビジネスですから（言うとおりにしてほしい）」といった説得をされましたが、私の発信そのものはビジネスではありません。だから「実物を見なくては判断できません」と、先におすすめの色を決める点についてはお断りしました。

なかには、ステマ記事（ステルスマーケティング＝企業から提供された商品を宣伝と気づかれないように紹介すること）を書いているインフルエンサーもたくさんいます。

私も以前はたくさんの企業から商品提供を受け、本当にいいと思った商品に関してはレビュー記事を書いたことがあります（今は基本、お断りしています）。

企業からの提供自体が悪いというわけではありませんが、私の場合は、必ず「提供を受けました」と明言し、ＰＲであることを示す「＃ＰＲ」をつけることを、事前に先方に了承してもらっていました。

これも、やはり信用を守るためです。それでも、企業からは「#PR」をはずしてほしいと要求されるケースは少なくありませんでした。

あるときは、私が紹介したい商品の色について、「この赤よりもこちらのブルーをおすすめとして紹介してもらえませんか」とお願いされました。おそらく、指定した色のほうを多く生産していたのでしょう。

「計6色の商品展開で、全色のサンプルを送ったのだから、あやさんが気に入ったかどうかは関係なく全色を一つ一つ紹介してほしい」と言われたこともあります。

どちらも、やはり先方の言うとおりにしてしまったら、私はフォロワーさんに嘘をつくことになります。先ほどのケースとまったく同じ理由で、お断りしました。

あなたも、今後、インフルエンサーになったら、以前は思ってもみなかったような依頼が舞い込んでくることもあるかもしれません。

そこで、いったん立ち止まって考えたいのは、「これを引き受けることで、フォロワーさんの信用を裏切ることにならないだろうか」ということ。

フォロワーあってのインフルエンサーです。

「好き」を仕事として長くやっていきたいのなら、なおのこと、「信用が命」「フォロワーファースト」というスタンスを常に意識することが大切です。

常に正直で、誠実でありたい

私はいつも、誰に対しても正直であろう誠実であろう、と心がけています。

なぜかというと、「信頼」に関わるからです。

前項でお話ししたのはフォロワーさんからの信用でしたが、ここで大切にしたいのは、仕事をご依頼くださる企業様からの信頼や当社スタッフとの間の信頼です。

そのために**貫こうと思っていることの1つは、「有言実行」です。**

「やる」と言ったことは必ずやるし、裏を返せば、やるかどうか決めていないことや、そもそもできないことを、「やる」と安請け合いはしません。

お金の交渉など言いづらいことを先に言うというのも、常に正直で誠実でいたいか

らです。

遠慮して言わないでいると、どんどん言い出しづらくなってしまいます。

そして最後の最後に後出しジャンケンみたいに言い出すことになる。そんな不誠実を働くくらいなら最初にズバッと言って交渉したほうが、よほど良好な信頼関係が築かれるでしょう。

日々、口にすることも、本当に思ったことや考えたことだけ。空気を読んだ発言や、曖昧《あいまい》な考えからの発言はしません。 しないというより、そういうフンワリした発言ができなくて、何事においてもハッキリ言ってしまう性格なのかもしれません。

と、このように何事においてもハッキリキッパリとものを言っています。

でも実は、高校生くらいまではそうではありませんでした。

なぜ、それが今のように変わったのかと振り返ってみると、高校生のころのある出来事がきっかけでした。

単刀直入に言うと、いじめにあっていたのです。

入学早々、少し柄の悪い人たちから目をつけられてしまった私は、よく呼び出されては何かと文句をつけられていました。

手を出されることはなかったものの、かなりひどい言葉の暴力でした。

それに対して私は何も言い返せず、ただその場をしのぐために、小さな声で「すみません、すみません」と言うばかり。

でも**あるとき、急に「このまま言われっぱなしなのは嫌だ」と思い、「次に呼び出されたら、絶対に言い返してやろう」と心に決めたのです。**

それまでの人生で一番ではないかというくらい、固い決意だったと思います。

それ以降、私は言い返す気満々。ただ、自分からケンカを売りたいわけではないので、ちょっとおかしいのですが「呼び出され待ち」のような状態になりました。

「呼び出されたら言い返してやる」「呼び出されたら言い返してやる」「呼び出されたら……」、そう考えながら数日が過ぎ、さらに1カ月、2カ月と過ぎていき、結局、二度と呼び出されることはありませんでした。

何が起こったのかはまったくわかりませんが、私から「言い返してやる」オーラがにじみ出て、それを感じ取った相手が「面倒だから、もういいや」となったのかもしれません。

理由はともかくとして、当時、「言い返してやる」と決めた覚悟だけが、ずっと私のなかに残っているようです。それが「ハッキリと、ものを言う」という今の性格につながったのではないかと思います。今思えば決意してからというもの、**次にこういう因縁を付けられたらこういう説明をしようとか、毎日毎日シミュレーションしていた**ような気がします。

これが今の私の原点ではないかと思っているのです。

インフルエンサーとして仕事をしていると、どうしても私一人（今は小さな会社ですが）で企業と付き合っていくことになります。

権力でいったら企業のほうが強いし、立場でいっても、やはり企業のほうが上です。あなたにも、そういう「差」を感じる日が来るかもしれません。

でも、だからといって決して弱気にはならないでください。

小さくて弱くても――いいえ、むしろ小さくて弱い存在だからこそ、誰に対しても正直で誠実であってほしいと思います。

しっかりと自分の考えを固め、それだけをハッキリと周りに伝えていく。これも長く続けていくためには重要なことなのです。

100パーセントオリジナルは目指さなくていい

私は、人と同じことはしたくないタイプです。あなたもそうかもしれません。

せっかく自分の好きなことを発信しようとしているのだから、何かしら、差とか違いはつけたいですよね。とはいえ、「100パーセントオリジナルでなくてはいけない」と思うと、手も足も出ない気がしてしまいそうです。

ならば、「すでに実績のあるもの」に、「こうだったらいいな」を掛け合わせるだけ、と考えてみるのはどうでしょう。

「すでに実績のあるもの」を真似しつつ、そこにひとひねり、自分なりの工夫を加えるということです。

私は商品プロデュースのお仕事もさせていただいていますが、そこで求められているのは、流行のデザインでより良い安価な商品を実現すること。新しいデザインを考案し、世の中に流行を巻き起こすことではありません。

実は、たいてい安いものには安いなりの理由があり、何らかの弱点があることも多いものです。流行のデザインを取り入れる一方、プチプラの弱点を克服することで、より魅力的な商品が出来上がります。

幼いころからずっと安くてお得な商品を追い求めてきた私には、その弱点に関しての改善すべき点が自然と見えてきます。

また、日々、多くのフォロワーさんと交流するなかで「やっぱり、こういうところが気になるんだな」と気づかされることもよくあります。**ユーザー視点のちょっとした不満や困りごとの情報も、日々発信するなかで蓄積されている**のです。

こうした情報や知識を生かして、私はより魅力的なプチプラ商品を作るお手伝いをしているというわけです。

以前、あるプチプラブランドから、春・夏用のボトムスの商品プロデュースを依頼されたときは、こんな感じでした。

まずWEARのランキング上位の人をざっと見て、デザインの流行を探ります。これで、全体の方向性は決まりました。

次に考えたのは、そこに何をプラスアルファできるか。

「春・夏のボトムスは、裏地がポリエステルだと汗でベタついて気持ち悪いから、綿混の素材にしてもらおう」

「パンツはポケットがついているけど、プリーツスカートだとポケットがないものが多いから、スカートにもポケットをつけてもらおう」

などなど、本当に細かいけれど、みんながきっと「こうだったらいいな」と思っていること。これらを提案しながら、メーカーさんと一緒に作っていきます。

もちろん「こうだったらいいな」を掛け合わせたために、「プチプラ」でなくなってしまうのは避けなくてはいけません。そこはメーカーの担当者さんと相談です。

もし、パンツの裏地を綿混素材にすることで原価が上がってしまうのなら、前開き部分はジッパーふうのデザインだけにしてゴムウエストにすれば、ジッパーの分をコストカットできます。このように**優先順位をつけたりして工夫すれば、意外と譲《ゆず》れないポイントはすべて実現できるもの**なのです。

そもそも、いろいろと打合せを重ねていくうちにわかったことは、多少何かを付け加えたくらいであれば上代（定価のこと）は変わらない場合が多いということです。

つまり、ポケットをつけたくらいなら、他を安い仕様にしないといけないといったことはあまりないようです。原価が上がってしまったら、その分を他の商品の利幅を大きくして補うとか、そういうこともできるということも、長く続けるなかでわかったことです。

少し前にバッグのプロデュースをした際にも、やはり**「流行×自分のアイデア」の発想**で取り組みました。

そのころは、フラップバッグ（フタつきの鞄《かばん》）が流行っていました。たしかにデザイン的にはかわいいのですが、いちいちフラップを金具から外して中のものを取り出さなくてはいけないというのが少し面倒です。

そこで、定期券やスマホなど、よく出し入れするものはサッと取り出せるよう、バッグの外側にポケットをつけました。

これも、すでに流行っているものに、「こうだったらいいな」という点を掛け合わせたということです。

この2例に限らず、どんな商品をプロデュースするときにも、まず流行(すでに実績のあるもの)を押さえて、そこにどんな「こうだったらいいな」を掛け合わせたらいいか、と考えていきます。

「すでに実績のあるもの」同士を掛け合わせるという発想で取り組むこともあります。

少し前に手がけた靴下などは、まさにそういう感じでした。

靴下の機能性は、実はレディース商品よりもメンズ商品、それも中高年向けの商品のほうがずっと優れています。おそらくデザインはほとんど重視されず、感触や速乾性といった機能性に特化されているからでしょう。

いっぽう女性用の靴下は、デザイン性が重視されるあまり、機能性は後回しになっているように見受けられました。

でも、女性だって機能性が高くてデザイン性にも優れている靴下があったら、絶対に嬉しいですよね？

だったらメンズ靴下の優れた機能性を、女性用のかわいいデザインの靴下に取り入れればいいのでは？　そう考えて、まずそのプチプラブランドでたくさん売れている男性用靴下をたくさん見せていただきました。

ここで私がやろうとしたのは、**「男性に受けている機能性」×「女性に受けているデザイン性」という掛け合わせ。**言い換えれば、すでに実績のある女性用の靴下に、機能性という「こうだったらいいいな」をプラスアルファ掛け合わせたというわけです。

実績のあるものに自分のちょっとしたアイデアを掛け合わせる。実績のあるものと実績のあるものを掛け合わせる。オリジナルなものは、こういう「掛け合わせ発想」から生まれるのです。

「小さな工夫」が大きな利益につながる

すでに実績のあるものに「こうだったらいいな」を掛け合わせる。毎回こうした発想を働かせ、担当者さんと相談し工夫を重ねて、ほぼ理想どおりの商品を実現してきました。

当初は、初日売上が4000万円程度だった商品プロデュース企画も順調に売上を伸ばし、現在では1回のチラシ（アイテム数は10～50ほど）で1億円を超えることも増えてきました。

どれもいい加減に考えて作ったわけではなく、フォロワーの皆さんとライブ配信で密にコミュニケーションをとったり、アンケートをとったりしてみんなが欲しいもの、かゆいところに手が届く商品を作っています。「買いました！」「使いやすいです！」「着心地がいいですね！」といったフォロワーさんの声が届くことが何よりの幸せです。

意外にもこういったやり方をしているインフルエンサーは他にいません。だからこそ、誰にでもチャンスがあるのです。

必要なのは、本当にちょっとしたアイデアと工夫。それが一般的なニーズとマッチしたときに大きな利益が生まれます。

ごく最近で、それを実感したのは靴をプロデュースしたときでした。

私のプロデュース商品のなかで、靴は、ほかのアイテムと比べると売上が低いほうでした。でも、最近プロデュースした靴はとても好評で、メーカーさんからも「異常値が出た（異例なくらい売れた）」というお知らせをいただきました。

そのプロデュース商品とは、ローカットスニーカーです。スニーカーを履くときに生じる、**あるプチストレスを解消したことが大ヒットにつながりました。**

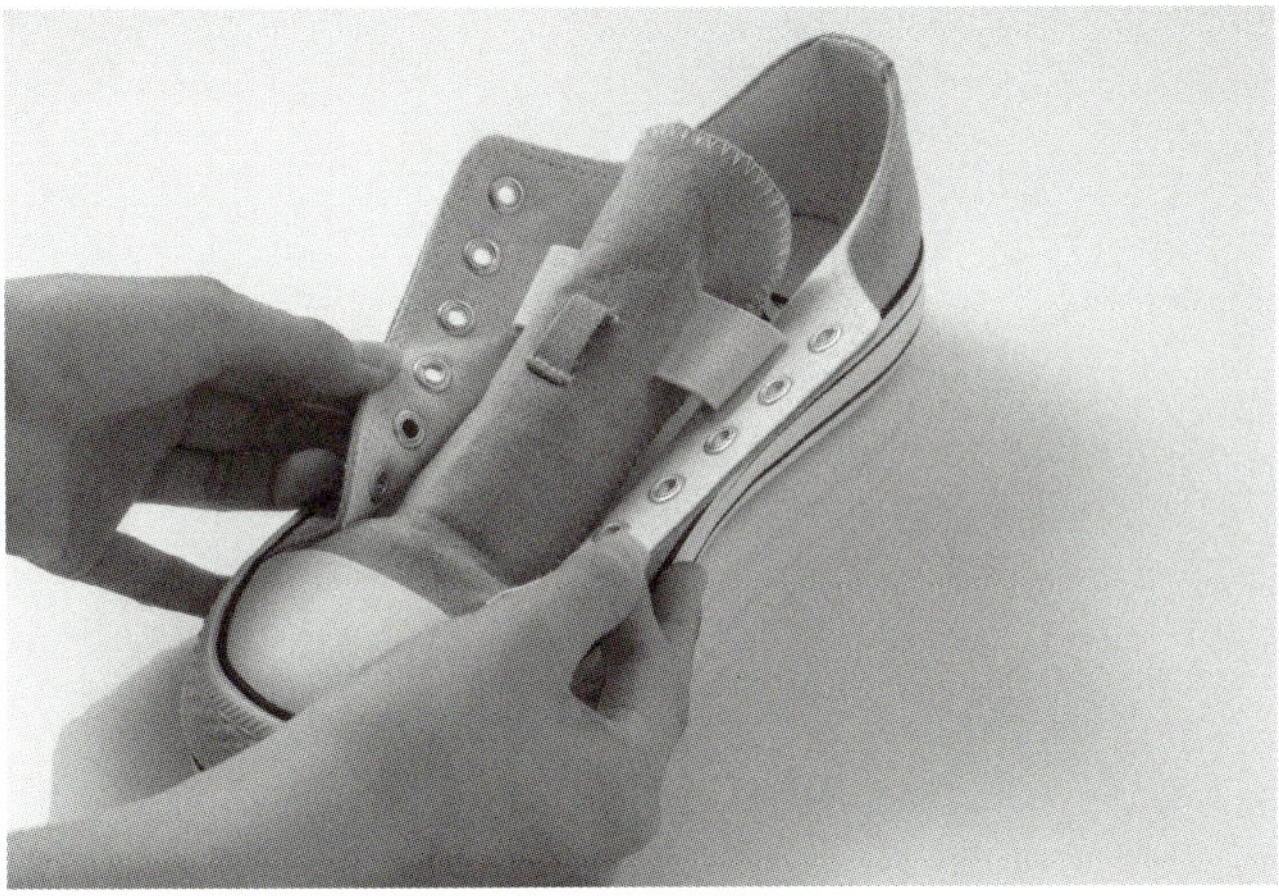

「あったらいいな」の声を生かしたスニーカーが大ヒット商品に

一般的なスニーカーは、両手を使って履かないと「ベロ」（靴《くつ》紐《ひも》の下の布部分）が靴の内側に入り込んでしまいます。

とくに多く寄せられたのは、お子さんを抱っこしたまま両手を使わなくてもサッと履けるローカットスニーカーが欲しい！　というお母さんたちの声でした。**きっとこれはお母さんのみならず、誰もが感じている「あったらいいな」に違いありません。**

そこで定番のキャンバス素材のスニーカーに、ひと工夫を掛け合わせたスニーカーを作ることにしました。

どんな工夫を掛け合わせたかというと、甲の生地とベロに短いゴム生地を縫い付け、ベロを甲にくっつけたのです。これならベロがほとんど中に入り込まず、一般的なスニーカーだと10秒ほどかかるところ、このスニーカーなら慣れれば両手を使わずに3秒ほどで履けます。

ご覧のとおり（155ページ写真）本当にちょっとしたアイデアですが、こうして「ベロが入り込む問題」が起こらないスニーカーができました。ブログや動画では、**このポイントに重点を置いて紹介し、それが「異常値」とメーカーさんが驚くほどの売上に結び付いた**のです。

こういう発想は、何にでも応用できると思います。

あなたの「好き」のなかにも、きっと様々な「こうだったらいいな」があるはずです。

「カメラ」が好きな人だったら、今までになかった「カメラバッグ」を考えるなど。もし、そんな「こうだったらいいな」が見つかったら、自分で実現していくのもいいと思います。

小ロットで工場生産することも可能でしょうし、在庫を抱えるリスクや生産コストが心配ならば、今はクラウドファンディングで先にお金を集めるといった方法もあります。

CAMPFIRE（クラウドファンディングの運営会社）などのサイトを見ると、本当にバラエティ豊かなモノ、コトにお金が集まっていることに驚かされます。そこにあなたのアイデアが並ぶことをイメージすれば、できる気がしてくるのではないでしょうか。

すべての原動力は「こうだったらいいな」です。今はハードルが高いように思えても、自分さえ「やってみよう！」と動き出せば方法は見つかるもの。「私には無理」なんて考えないで、実現に向けていろいろと研究してみてください。

多くの人が思っている「こうだったらいいな」は、おそらく無限にあります。

そのために、既存のものに小さな工夫を加えることを考えてみてください。「自分が感じている＝他の人も感じている」ということです。そのときにインフルエンサーとしてある程度のフォロワーを持つことができていれば、それを売ることは簡単です。

だとしたら、自分にできることも無限大ということです。

モノ作りを例にお話ししてきましたが、「こうだったらいいな」というニーズは、発信する情報そのものについても、たくさんあるでしょう。

「すでに実績のある情報発信」をベースにしながら、どんな工夫を加えたらより求められる発信になるか？　もしかしたら、あなた自身のなかですでに答えは見えているかもしれません。

日ごろ自分の「好き」なことの情報を追いかけるなかで、「何だか、かゆいところに手が届かないな」という感覚を持ったことはありませんか？

あるとしたら、それこそが「こうだったらいいな」です。

ほかの誰かに求めるのではなく、あなたが実現すればいいのです。

STEP 4

工夫する

「ずっと好き」「もっと好き」の
マイルール

苦手な仕事は、得意な人にどんどん任せる

「好き」を続けていくポイントは、日々のちょっとした工夫です。

発信の内容や見せ方にしても、1つのことをしばらく続けてみてフォロワー数やPV数の上昇につながらなければ、次の一手を考えます。

その繰り返しによって、少しずつ多くの人に受け入れられる発信へと磨き上げられていきます。

工夫が必要なのは、発信そのものに限った話ではありません。

好きなことをずっと好きでいるため、そしてもっと好きになるために、周りの環境を整えることも工夫次第なのです。

まずお話ししたいのは、「好きなことを続けたければ、どんどん人に頼る」ということです。

いくつか例を挙げると、私はお金の計算が苦手です。だから、経理はお金の計算が得意な人に任せています。

片付けや料理も苦手です。以前は、もともと家事が得意な夫に、ほぼ任せきりでした。その後、「プチプラのあや」が軌道に乗ってからは、家事代行のお手伝いさんの助けも借りています。

ここまで徹底していると、びっくりされた人もいるかもしれません。

とくに既婚女性は、「家のことが最優先。それを完璧にこなして初めて、自分の好きなことができる」と思っている人が多いようです。

でも、それって単なる思い込みではないかな……と思うのです。

そもそも現代は、男性も女性も同じくらい働いています。

それなのにどうして、女性だけは、どんなに仕事が忙しくても家のことをしなくてはいけないとされているのでしょう。

前に働いていた現場事務で一緒だった女性の先輩も、「残業で夜遅く家に帰ると、先に帰っていた旦那がビールを飲みながら、私が夕飯を作るのを待っている」と、よく話していました。

こういう話を聞くたびに、私は「何かおかしいな」と感じていました。

仕事をしている女性に限らず、専業主婦の女性も同じだと思います。家のことを完璧にこなさずとも、**自分の好きなことに、もっと時間を割いてもいいのではないでしょうか。**

家族は大事。それはもちろん、そうでしょう。

でも、家族を大事にすることと、自分の好きなことを思いっきり楽しみながら生きることは、優先順位をつけられるものではありません。

家族も大事、自分の好きなことも大事。それでよくて、何も自分の好きなことを二の次に考えて我慢する必要なんてないと思うのです。

そうは言っても、いきなり家事や炊事を人任せにはできない、という人がほとんどでしょう。

それでも、100パーセント手作りの食事ではなく、ときには出来合いのお惣菜《そうざい》や、混ぜるだけ、焼くだけ、炒めるだけの材料がセットになっている宅配サービスを利用するなど、少しは手を抜いてもいいのではないでしょうか。

もし「家のことを完璧にこなさなくてはいけない。自分の好きなことをするのは、その後だ」と思っているのなら、**その義務感をちょっとだけ緩《ゆる》めてみてください。すると、いろいろな手抜きポイントや、人に頼れるポイントが見えてくるはずです。**

こんなアドバイスをしていると、「そこまでストイックに仕事をしなくても……」という声が聞こえてきそうです。

でも、私がストイックに頑張るのは、実は自分の「好き」や、「好き」から生まれた目標に結びつくことだけなのです。

少し前に頑張ったのは「骨格診断」の勉強です。

骨格診断とは、個々の骨格の特徴から自分に似合う洋服を探し当てる方法のこと。

そんな視点も兼ね備えていたら、他のインフルエンサーと差別化できるかなと思って専門学校に通いました。

無事に修了できたので、最近はYｏｕＴｕｂｅでも必要に応じて骨格診断に触れるようにしています。


努力には、「必要な努力」と「不必要な努力」があります。

自ら努力してできるようになったほうがいいことと、そもそも自分が努力してまで、できるようにならなくてもいいこと。この2つを見分けることが、「好き」をずっと続けるために必要なことだと思います。

だから私は「自分が苦手なことで、かつ自分が努力してできるようにならなくていいこと」は、どんどん人に頼るようにしているのです。

先ほどもお伝えしたように、自分の「好き」や、「好き」から生まれた目標に結びつくことであれば、ストイックに努力します。

今では自分の「好き」が仕事となり、小規模とはいえ社員たちの生活も担《にな》っています。そうなるなかで、「私が努力することで、どれくらいの業績アップに繋がるか」という発想も持つようになりました。

自分の「好き」が仕事になっているということは、自分の「好き」に結びつく努力＝会社の業績アップに繋がる努力なのです。

私が**自分の「好き」に対してストイックに集中すればするほど利益は上がる。**そういう考えだから、いっそう躊躇《ちゅうちょ》なく、多くの苦手なことを人に任せることができているのだと思います。

たとえお金がかかっても、苦手なことに時間を費やさずに済めば、それだけ好きなことに集中できます。

「まだ『好き』が仕事になっていないから」

「『好き』が大きな収益を生んでいないから」

そんなことを気にする必要はありません。**自分の「好き」を、できるだけ自分の生活の真ん中に置けるような工夫をしてみてください。**その工夫をすればするほど、好きなことに、より多くの時間を費やせる環境が整っていきます。
そして好きなことに時間を費やすほどに、内容には磨きがかかっていきます。
「好き」を仕事にしていくには、こうした環境づくりも大切というわけです。

移動時間を「最高の時間に変える」すごい方法

私は「何かをしながら別のことをしている」という時間が多い気がします。

一瞬でも無駄にしたくないというのは、もしかしたら現場事務のころからの習性かもしれません。一番お世話になった先輩が、とにかく、常にマルチタスクをこなしている人だったので、その影響は大きいと思います。

大好きだった現場事務の仕事で学んだことが、確実に今に生きていると思うと、やっぱり、人生に無駄なことってないんだなと思います。

例えば、毎日、たくさんメールが届きますが、なかには口頭の返事で済むものがあります。それにはメールで返信せず、外出の際に歩きながら電話をしてしまいます。

ちょっとしたことですが、パソコンもスマホも、歩きながらではタイプできません。どこかで落ち着いてタイプできる時間を確保するより、歩きながら電話で返事してしまったほうが、私もメールの送信主も、手っ取り早くて都合がいいのです。

歩きながら、といえば、本を歩きながら読むこともあります。

私は幼いころから本が好きで、小学生時代に歩きながら本を読んでいて電柱に気づかず、激突してしまったこともあります。まるで漫画のような話ですが、本当です(笑)。考えてみれば、そのころから「歩きながら」グセはあったのかもしれません。

もちろん、歩きながら本を開くのは危険なので、今はしません。

では、歩きながら読書とはどういうことかというと、Ｋｉｎｄｌｅの「読み上げ機能」を使って「耳からの読書」をするのです。

この方法だと、電子書籍なら、どんな本でも「耳からの読書」ができます。

機械が読み上げるので情緒はありませんが、実用書やビジネス書など、勉強や情報収集のための本であれば、情緒的でなくても気になりません。

Kindleの読み上げ機能は漢字の読み間違いも多いのですが、それを頭の中で正しい言葉に変換しながら読むことで、頭の回転を良くする運動にもなっている気がします。

一事が万事で、**移動時間は仕事時間と考えて、なるべく有効活用**しています。

電車移動のときは、あればグリーン車に乗ります。

グリーン車ならば確実に座れて、パソコンを開くことができるからです。ブログの原稿執筆や写真のチェック、画像調整などは、よく移動の車内でしています。

グリーン車がない場合も、Instagramのコメント欄などのチェックは立っていてもできますし、もし座席に座れたら、すかさずパソコンを開きます。ほんの少しの間でもそうするので、同行のスタッフに驚かれてしまいました。

最近はタクシーを利用することも多くなりました。

電車よりずっと高くなりますが、集中できる時間と空間を買うと思えば、決して無駄ではない出費だと思っています。

時間はみなに平等に与えられているものであり、しかも有限です。その時間をどう使うか、という工夫も、**好きなことを続ける環境づくり**につながるといっていいでしょう。

私は母譲りで、根っこは貧乏性であり倹約家です。

その分、高い撮影機材を買うなどの投資面は夫に任せていますが、そこでも「これを買うことで本当に再生回数アップが見込めるのか」を考えます。理由のない出費はしたくないのです。

だから、「好き」が仕事に結び付き、それなりの収入を得るようになったからといって、何にでもお金をかけるようになったわけではありません。

基準は、その出費をする理由が明確かどうか。

タクシーやグリーン車に乗るお金を貯めて、高い機材を買ったほうがいいという考えもあるかもしれないけれど、「理由が明確かどうか」という基準で考えると、ちょっと結論は違ってきます。

確実に結果に結び付くかわからない、高い機材を1つ買うことよりも、確実に自分の時間と空間を確保できるタクシーやグリーン車に100回乗ることのほうが、私のなかでは優先度は高いのです。

忘れっぽい人のための「絶対忘れない」工夫

私は忘れっぽい人間で、「これをしなくちゃ」と思ったことも、すぐに忘れがちです。

そのなかで自然と確立したのが、次のようなLINEの使い方です。

日々のToDoを必ず見るように、自分専用のLINEグループ（自分しか入っていないLINEグループ）に送っているのです。

例えば、スタッフにお願いしたいことを夜中に思いついたとき、すぐに相手にLINEを送っては迷惑になります。そこで翌朝に送ることを忘れないよう、お願いしたい内容を自分だけのLINEグループに送っておく、という具合です。

気になるインフルエンサーのブログや動画を、時間が空いたときに必ずチェックするよう、ＵＲＬを貼り付けて送ったりもします。自分専用のＬＩＮＥグループは、「グループを作成」で誰も選択せずに「次へ」を選択すると作成できます。

スマホのメモアプリにＴｏＤｏリストを作成する手もありますが、写真の貼り付けが少し面倒です。その点、ＬＩＮＥならば、写真を選択して送信するだけです。

もちろん文章も送れるので、文章と写真が合わさったＴｏＤｏを、スマホのリマインダーアプリやメモアプリよりも手軽に作成することができます。

私はスタッフ間の連絡も、すべてＬＩＮＥで行っているため、しょっちゅうＬＩＮＥを開きます。ＴｏＤｏもＬＩＮＥに送るようにすれば、より忘れにくいというメリットもあるのです。ただ、ＬＩＮＥを頻繁に使っていると、他の人とのやり取りが上に表示され、自分専用のグループはどんどん下に行ってしまいます。常に素早く自分専用のグループにアクセスするためには、「お気に入り」に設定したり、ピン留め（トップに固定）しておくといいでしょう。

アプリの使い勝手は人それぞれ感じ方が違いますが、常識にとらわれず、自分が使いやすく、忘れない方法を見つけることが大事だと思います。

「立場の弱さ」をどう克服するか

「好き」が仕事になると、たいていは企業に所属しない個人事業主から始めることになるでしょう。

もしかしたら、YouTuberのマネジメント会社「UUUM」から声がかかるかもしれません。

こういったマネジメント会社に所属すると、YouTuber同士の繋がりができて情報交換できるようになります。また、有名YouTuberのイベントに出演することや、PRやタイアップの仕事を斡旋《あっせん》してもらうこともできます。

こうした面は「一人でやっていくのは不安」という人にはいいかもしれませんが、

その反面、コンスタントに仕事を斡旋してもらえる保証はないですし、斡旋された仕事の収益の20~50パーセントがマージンとして引かれるという話です。

そもそも仕事を斡旋してもらえるということ自体、PRの発信ばかりになってフォロワーが離れやすいことを考えると、私としてはメリットとは言い切れません。よほど知名度の高い人気YouTuberでない限り、手厚いサポートは受けられないと考えるほうがいいと思います。

これらをどう捉えるかは人それぞれでしょう。**所属の話が来ても、自分にとって何がメリットとデメリットになるかは、よく考えて決めたほうがいい**と思います。

たしかに、一人だと立場が弱く思えて不安かもしれませんが、フォロワーの存在を心の糧《かて》として頑張るうちに、そんな弱さも不安も克服できるという道もあります。

個人事業主として軌道に乗り、事業規模が広がったら、法人化するという選択肢も見えてきます。私も、そんな流れで、今では社員を抱える会社代表の立場になっています。

とはいえ、まだまだ小さな会社です。残念ながら、過去には企業と堂々と渡り合えず、理不尽な要求をされたり、後から話を覆《くつがえ》されたりして困ったこともあります。

例えば、メーカー側にしっかりと値段を確認してから載せたのに、配信した後から「本当はこの値段でした」なんて言われたことがあります。

見ている人たちには、そもそもメーカーから伝えられた情報が誤っていたなんて事情は関係ありません。世間的には当社のミスで私が誤った情報を流したことになり、「プチプラのあや」への信頼が下がってしまいます。

こうした苦い経験が何度かあったので、今では、何事においても甘さを残さないよう、かなりストイックに内容を詰めるようにしています。

企業との交渉を行う社員にも、

「100パーセント理解できるまで細かく、向こうからしつこいって思われるくらいに確認してね」

「先方から伝えられる情報も、『間違っていたら当社の信用が落ちるので』と伝えて、本当に間違いがないか、しっこいくらいに確認してね」

などと、つねづね伝えています。

「そんなに強硬にやらなくても……」「相手の心証を損ねては、かえってやりづらくなるのでは？」と思われたかもしれません。

たしかに企業との関係は大切にしたいものです。だからこそ、最初からハッキリ、キッパリと企業と付き合うことが、自分と会社を守りながら、企業と一緒にいい仕事をしていく一番の策だと考えているのです。

自分自身の意識と行動で、立場の弱さを克服できるものです。ときに不安に感じることがあっても、しっかりと自分を持って続けていってほしいと思います。

顔の見えない相手から自分を守る方法

近年では、ちょっとした発言が炎上するなど、情報を受け取る側も、以前よりセンシティブになっている感じがあります。そういう背景があるので、**発信する側は、直《じか》に人に接するとき以上に、慎重に言葉を選んだほうがいいでしょう。**

炎上させたくないのなら、炎上しないような伝え方をしよう、ということです。

ただ、これは言うのは簡単でも実践するのは難しいものです。それに、どれほど気を使っても、誹謗中傷する人は一定数いるといってもいいかもしれません。

今後、自分の「好き」を発信するようになったら、読者や視聴者から、心ないコメントをつけられることもあるかもしれません。ネガティブなコメントでも「意見」「批判」ならば、心して受け止め、今後に生かせるところは生かすべきだと思います。

私も以前、あるプチプラショップのアクセサリーを紹介したときに、予想外の批判を受けたことがあります。

「ここがもう少し、こういう感じだったらいいと思います」という比較の対象として、つい自分がプロデュースした商品を出したら、「プチプラショップを批判して、自分の商品を宣伝したいのか」というコメントをいただいたのです。

私としては、言葉だけでなくモノを示しながら比較したほうが、わかりやすいと思っただけでした。

でも、たしかに見ようによっては、他社の商品を落として自分がプロデュースした商品を上げている、とも受け取れます。そこは見る側の受け止め方を推《お》し量《はか》りきれていなかったなと反省し、すぐにYouTubeのコメント欄で訂正しました。

受け止めるべき意見、批判は、たとえ目を背《そむ》けたくなっても真摯《しんし》に対応したほうがいいでしょう。でも意見や批判ではない単なる悪口、誹謗中傷は、こちらが傷つくだけ。それに、そのコメントを読んだ人たちも嫌な気分にさせてしまいます。

だから、誹謗中傷コメントをする人は即ブロックでいいと思います。

YouTubeだと、あらかじめNGワードを設定しておいて、そのワードが入っているコメントは表示されないように設定できます。この機能を使うのも、おすすめです。

一切コメントを受け付けないという方法もありますが、そうすると、励みになるポジティブなコメントや、今後の参考になるコメントすら受け取れなくなってしまいます。コメントが入っていないために、動画が盛り上がっているように見えなくなるというのもマイナスです（ただ最近はコメント欄を閉じているYouTuberも増えています）。

やはりブロックやNGワードの設定で、誹謗中傷だけを避けるほうがいいでしょう。

特定の人をブロックしたり、NGワードを設定したりするのは、不特定多数に向けて発信しておきながら、ある意味、読者や視聴者を選定するということです。

そう考えると抵抗を感じてしまうかもしれませんが、これは自分の心を守るため。

そして、自分の「部屋」ともいえるブログやInstagram、Twitter、YouTubeを快適な空間にするために必要なことなのだと考えてください。

知らないことは、知っている人に素直に聞く

自分の「好き」を追求し、仕事に繋げていく。

これは、自分一人の頑張りにかかっていることですが、実は人の力を借りられる面も多いものです。

自分一人で考えられること、できることには限界があります。

知識経験が「自分一人分」である以上、考えられることも、できることも「自分一人分」になるのは仕方がありません。

でも、人が持っている知識経験を取り入れさせてもらえれば、考えられること、できることを2人分、5人分、10人分……と広げていけます。

「このことについては、この人に聞く」という「マイブレーン」がいると、自分一人でイチから知識や情報を集めるよりも、一気に可能性が広がりやすくなるのです。

そういう私にも、心強い「マイブレーン」がいます。

もうすぐ新規でプチプラブランドを立ち上げるのですが、アパレル業界は、実は私にとって未知の世界です。今までは知らなくても何とかなっていましたが、自分のブランドを立ち上げるとなると、そういうわけにもいきません。

そこで、よくアドバイスをいただいているのが「プチプラのあや」を始めた当初から親しくさせていただいている女性です。その方はご主人と二人でアパレルブランドを立ち上げて成功されています。

アパレル業界とはどういう仕組みで成り立っているのか、新規事業を始めるときに必要なことや気をつけるべきことは何か……。

などなど、自分のブランドを運営していく将来を見据えながら、初歩的なことから少し踏み込んだことまで、アドバイスを求めています。**成功したいなら、成功者に聞**

くのが一番早いからです。

また、新規ブランドは大手EC（電子商取引）サイトで実績を出しているメーカーと組んで立ち上げるのですが、これも、私の知らない部分を補ってもらえるというメリットを見込んでのことです。

ほかに、「洋服の生地の知識にかけては、この人の右に出る人はいない」という人もいます。

私はプチプラアイテムを紹介する際、素材についても、できるだけ細かく、画面で見ただけではわからない感触や、洗濯方法などの扱い方まで伝わるようにと、いつも意識しています。

ただ、けっこう専門的な話なので、ネット検索では求める情報が出てこないこともしょっちゅうです。だから、洋服の生地についてわからないことがあれば、すぐに、その方に連絡して教えていただくようにしているのです。

商品プロデュースにおいては、メーカーの担当者の方に「実績のある色は何か？」

「おすすめの色は何か？」「今年トレンドの色は何か？」「デザインは？」等々、いつもたくさん聞いています。

メーカーの方と話していると、アパレル業界の専門用語がポンポン飛び出すことも多いのですが、知らなければ一つひとつ、理解できるまで「それはどういう意味ですか？」と聞きます。

自分が100パーセント理解していないと、人に対しても説得力のある説明ができません。

だから、知らない状態を放置したくない。そして放置しないためには、知ったかぶりせず、その都度「知っている人」に聞いて理解するのが一番というわけです。

なかには「知らないと思われるのが恥ずかしい」と感じる人もいるかもしれませんが、自分の可能性を広げていくには、まずその気持ちを捨てることが大事です。

商品プロデュースの際には、よくフォロワーさんにもアンケートをとっています。

今までは、私の「こういうのがあったらいいな」とフォロワーさんの「こういうのがあったらいいな」は、たいていは一致していました。

でも、フォロワーさんがもっと増えていけば、きっと私が思いもしなかったような意見をくださるフォロワーさんも出てくるでしょう。

そういう意味では、**フォロワーさんは私にとって、大切にしたい受信者であると同時に頼りになる発信者、「マイブレーン」といえます。**

こうした「マイブレーン」の人たちが与えてくれる知識や情報、意見があることで、私は、よりいっそう自分の「好き」を追求できる。それが仕事の充実度にも繋がっていると実感しています。

「マイブレーン」を持つことは難しいことではありません。

まず、**何でも一人で頑張ろうとしないこと。**

そして「知りたい」「学びたい」「意見を聞かせてほしい」という気持ちを、素直に伝えること。

そうすれば、たいていの人は気持ちよく応えてくれるでしょう。

STEP 5

変わり続ける

チャレンジはおもしろい

思いついたら、すぐやってみる

ブログでもInstagramでもYouTubeでも、発信方法の可能性は無限大です。

だから、「こんな見せ方はどうかな？」「こんな内容にするのはどうかな？」と思ったら、すぐにやってみてください。

そうしてこそ、インターネットで発信する可能性を広げられると考えれば、やってみないほうが、もったいない話です。

やってみて大した効果が表れなかったとしても、**「この方法はあまり効果がないんだ」とわかったことが1つの成果**です。

1つのやり方に固定してしまうよりも、**トライ&エラーを繰り返して変化していったほうが、ずっと、あなたの「好き」が世の中に認知されやすくなっていくのです。**

私も、ブログで1つやってみたことがあります。

アメブロの読者は主婦層、LINEブログの読者は若い人が多いという傾向があります。そこで、紹介するプチプラアイテムのコーディネートを、アメブロでは大人っぽく、LINEブログではカジュアルな感じにしてみました。

ところが、そうしたところで、あまり大きな変化は表れませんでした。2〜3カ月、続けてはみたものの、PV数は大して伸びなかったのです。

ブログごとに発信内容を変えるには、もちろん、それなりに労力がかかります。その労力の割にPV数アップの効果は薄い。そうわかったので、アメブロとLINEブログとで違うコーディネートを載せるのはやめました。

以前運営していたオンラインサロンでも似たようなことがありました。

当初のテーマは「ファッション」でしたが、私の発信内容はプチプラファッションですから、プチプラコーディネートのアドバイスをしたり、プチプラの情報交換をしたりと、プチプラ好き同士でワイワイ話せる場を作ろうと思ったのは自然な流れでした。

ところが、ほとんどメンバーが集まらなかったのです。月額1000円と、オンラインサロンにしては安価だったにもかかわらず、です。

それでも、徐々に情報が拡散する期間も考えて、3カ月くらいは続けたでしょうか。

結局、集客状況は変わらなかったので、「こういうことではないんだな」と考え直しました。そしてテーマを「SNSの使い方」に変更したら、こちらは**月額1万円だったにもかかわらず、すぐに定員に達した**のです。

「やってみなくては、わからないな」と改めて実感しました。

トライ&エラーを繰り返しながら続ける。1つのことを試してみて成果が見られなかったら、サッとやめる。そんな、ある種の潔《いさぎよ》さも大切だと思います。

そしてまた思いついたことを新たにやってみればいいのです。「やってみること」は何度でもできるのですから。

たとえ最初に試したやり方で一定の効果が上がったとしても、より高みを目指すには、**思いついたらやってみる勢いは必要**だと思います。

1つのことがうまくいったら、うまくいっているうちに「次の新しい何か」を考え、常に挑戦していく。自分自身のモチベーションを保つため、フォロワーから飽きられないため、そしてインフルエンサーとしての可能性をさらに押し広げるためには、「変化し続ける」ことも大切なのです。

私のブログは、比較的早くから成功したほうだと思います。

でも、その後もずっと「読んでくれる人が、もっと喜ぶ内容や見せ方はないかな」と考えてきました。

今も、何かを思いついてはやってみるということを続けています。

そうすることでしか、息の長いインフルエンサーになることはできないと思っているからです。

もちろん、多額のお金がかかるなど、リスクが高いことには慎重になったほうがいいのでしょうが、低リスクで試せることなら、どんどん試してみればいいと思います。

ネットを使った発信はもともとお金がかからないので、試せることはたくさんあるはずです。

変化することを楽しむ

私は「現状維持」という言葉が、あまり好きではありません。

なぜなら、今の自分で頭打ち、という感じがしてしまうからです。**うまくいっていても「このままでいいや」と満足するよりは、よりよい自分に向けて少しずつでも変化していきたい**と思っています。

たぶん、もとから「変化すること」が好きなんだと思いますが、今では、より切実に考えています。変化し続けないと、私のようなインフルエンサーは飽きられてしまうという危機感があるからです。

「プチプラのあや」として活動し始めて4年ほど。プチプラファッションというテーマのなかで小さな変化は積み重ねてきましたが、今は、その枠を超えた発信も始めています。

なかでも反応がいいのは、ヘアアレンジ動画です。これこそ競合が多い分野の1つなので、差別化しなくては多くの人に見てもらえません。

ヘアアレンジ動画には、一般の人が発信しているものと、美容師さんが発信しているものがあります。

比べてみると、まず一般の人のヘアアレンジ動画がたくさんあるのですが、その多くが、あまり細かい説明をしておらず、ちょっとわかりづらいように思いました。

美容師さんのヘアアレンジ動画は、丁寧《ていねい》に説明はしているのですが、ヘアアレンジ自体が高度すぎたり、人の髪の毛をアレンジしている動画だったりするために、自分でやってみるには難しすぎるものが多いと思いました。

そこで私は、美容師さんのヘアアレンジ動画のように丁寧で、なおかつ、誰でもできそうなヘアアレンジを、自分でやっている動画を作ることにしました。

そのために取り入れたのは、主に次の2点です。

1つは、カメラの三脚を移動させて、同じ動作を複数の角度から撮ること。1カ所からの固定カメラだと、「ここでは右手の動きを見せたいのに、左手や腕が被《かぶ》って見えづらくなる」といった現象が起こってしまうからです。

何度も三脚を移動させるので時間はかかりますが、複数の角度から撮った動画を合わせることで、肝心の手元がちゃんと見える、わかりやすい動画にしています。

もう1つはスローモーションを入れること。これもわかりやすくするためですが、スローモーションで見せているヘアアレンジ動画は意外と少ないので、重要な差別化ポイントになっています。

それだけに、撮影担当の夫もスローモーションにはこだわっており、専用の機材を導入しました。通常のビデオカメラでもスローモーションにできるのですが、画質が悪くなるという難点があるのです。

また、次の段階として、「私自身」をもっと見せていってもいいのかなとも考えています。インフルエンサーは「情報」が強みですが、もっと「私」という人間そのものに興味を持ってもらえるように、発信内容を少し変えていこうかというところです。私は人見知りで、動画などでもなかなか親密な雰囲気で話せません。私自身を見せていくというのも、続けていくための1つのチャレンジなのです。

例えば、まさに本書の執筆中に限定的に始めたのは、アメブロのブログで週に1度、「私が『プチプラのあや』になるまで」という記事を書くことです。

これは、私が発信する情報だけでなく、私自身に関心を寄せてくれるような「濃いフォロワーさん」を増やしていくためのチャレンジ、ともいえます。「情報だけ」だった次のステップとして、「情報＋私自身」という発信に変えていこうということです。といっても、なかには今までのように「情報だけ」でいいと思っているフォロワーさんも多いと思います。

そういう人は、私自身に関する発信が多くなるにつれて、きっと次第に読まなくなっていってしまうでしょう。私自身を出すという変化によって、一度はフォロワーさんが減ってしまうだろうというのは、すでに覚悟しています。

でも、**これは濃いフォロワーさんを多く作り、インフルエンサーとして、より長くやっていける土台を築くため**には、仕方のないことだと思っているのです。

少し前から配信しているインスタライブも、1つには、フォロワーさんとの距離感を、より親密にしたいという思いから始めたことです。

投稿へのコメントにも、できるだけ返信していますが、やはりリアルタイムでフォロワーさんのコメントを読み上げてコミュニケーションをとると、コメント欄でのやり取りとは違う親密な雰囲気が作れます。

また、リアルタイムでフォロワーさんとやり取りしていると、コメント欄でアンケートの返答を募るよりも新鮮な要望や意見が出やすい、という**想定外のメリット**も感じています。

156ページでお話しした、お子さんを抱っこしたまま両手を使わずに履けるローカットスニーカーが欲しい！　というのもインスタライブに寄せられたものです。

おそらくリアルタイムで「会話」していたからこそ、フォロワーさんの発想に刺激されて、心のどこかで「あったらいいな」と思っていたことが表に現れたのでしょう。

どんどん言葉が出てくるタイプではない私にとっては、ライブ配信も1つのチャレンジでした。

でもインスタライブを始めたことで「正直、今まであやさんの事をあんまり好きではなかったんですが、ライブ配信のあやさんを見て大好きになりました」というメッセージまでいただくようになったので、やってみてよかったと思っています。


前にもお話ししたように、自分の「好き」を発信し、多くのフォロワーさんを獲得していくには、確固たる自分の「軸」が必要です。

でも、それは、「何も変えない」ということではありません。

むしろ**自分の「軸」を変えずに長く続けていくために、変化すること、そのためにチャレンジすることが必要になるタイミングがあるのだと思います。**

フォロワーさんの動きや世の中の動き、あるいは自分のステージに応じて、何か変えるべきところはあるか。

どんなチャレンジをしたら、もっとフォロワーさんに喜んでもらえるか。
常にそんな意識を持って発信していけば、きっと、好きなことをずっと仕事として
やっていけるでしょう。
そのために、私も日々考えて試行錯誤しているところです。「プチプラのあや」もま
だまだ発展途上であり、変化し続けているのです。

「頑張った！」だけの自己満足で終わらない

現状に満足せず、チャレンジすることで成長していけるというのは、どんな仕事にもいえることでしょう。

「好き」が仕事になると、チャレンジはもれなく「好き」と結びつくため、たいていは楽しいチャレンジになるはずです。「好き」なことで頑張る、それが仕事という実益に結びついていく喜びは格別です。

ただ、ここで気をつけたいのは、楽しいからといってチャレンジそのものに満足してしまわないようにすることです。

自分の「好き」を発信していたら、多くの人と繫がることができた。それどころか企業から仕事の依頼が来た。そうなると、自分の「好き」がこんなに求められているんだ……！　と舞い上がるような気持ちになるかもしれません。

その勢いのまま楽しくチャレンジできるのは、もちろん素晴らしいことだと思います。でも、**あくまでも重要なのは「結果」です。「結果」が伴ってこそ、そのチャレンジが次の仕事に繋がり、「好き」が本当に仕事として回り始めるのです。**

これは最初のうちだけでなく、どれほど続けても変わらない法則です。

私が今までに手がけたプチプラブランドの商品プロデュースは、すでに数え切れないほどになっています。

メーカーの担当者さん、うちのスタッフ、みんなと一緒に心血注いで完成させたプロデュース商品が、大々的にウェブチラシに掲載されるたびに「やったー！」という達成感で満たされます。

ただし本当に大事なのは、その後だと思っています。**何度経験しても、リリースした時点で安心するということはありません。**

毎回「ちゃんと売れているだろうか」「実際に手にして、気に入っていただけただろうか」と気になって、フォロワーさんの反応も、つぶさにチェックします。

「この部分は、こうなっていたらもっとよかった」というコメントが多かったら、再販のときに、できるだけ改善します。

本書の執筆中にも、プロデュースしたTシャツの再販が決まったのですが、フォロワーさんからは「少しサイズが大きい」という意見が多く寄せられていました。

メーカーとしては同じラインで再販したいところです。それは痛いほどわかるのですが、今回のフォロワーさんたちの意見は、私も、もっともだと思いました。

そこは何とかメーカー側に理解してもらって、Sのサイズ感のものをMサイズとする、Mのサイズ感のものをLサイズとする、というようにサイズレンジ（サイズごとの寸法）を変更して再販することになりました。

もちろん、製造ラインを変えることで納期が大幅に遅れてしまうなど、改善による不利益が大きくなる場合、そのまま再販したほうがいいと判断することもあります。

商品が完成した。チラシに載った。完売した。再販が決まった。その都度「わーい！」だけで終わらせるのは、ただの自己満足。私はそうではなくて、自分が関わる以上、多くの人に喜んでほしいと思っています。

買ってくれた人には「安くて質がいい」と思ってほしいし、たくさんの人に買ってもらえる商品を作ることで、プロデュースを依頼してくれたメーカーさんにも利益をもたらしたい。

そうでなくては、私の「好き」が、今後も仕事であり続けるのは、難しくなっていくだろうとわかっているからです。

「私、よく頑張ったな」「チャレンジできて楽しかったな」だけで終わらせていては、心理的な満足感は得られても、仕事としての実益は得にくいでしょう。

「好き」を仕事としていくのなら、そこは「結果はどうだったか」というシビアな視点を持って検証し、改善点は次に生かす、そんな姿勢が常に欠かせません。

厳しいように聞こえるかもしれませんが、「好き」に関することならば、意欲的にできるはずです。**「好き」だからこそ結果にシビアにもなれる**んだなと、私も日々、実感しています。

「危機感」は最高の武器

私は今までずっと、常に危機感を抱いてきました。

現場事務の仕事をしていたころから、そうでした。

私みたいな派遣社員の代わりなんて、いくらでもいます。自分を卑下《ひげ》するわけではなく明らかな現実として、そのことは自覚していました。

私は現場事務の仕事が大好きでした。最初は、たまたま派遣されただけでしたが、やってみたらすごく楽しくてやりがいがあって、その後は、ずっと現場事務への派遣を希望していました。

だから、建設会社から引き続き求めてもらえるよう、現場事務特有のスキルを身につけました。派遣社員としての評判を上げるよう、お願いされたことは遅い時間でも快く引き受けたりしていました。

そういうところで差別化できなければ、大好きな現場事務の仕事から外されてしまうという危機感があったのです。

その後、「プチプラのあや」となってからも、いつも危機感を持ってやってきました。思いついたことは、すぐにやってみる。ダメだとわかったら別の方法を試す。よりよくするには、どんな変化が必要かと考える――。そんな試行錯誤を重ねながらやってきたのも、「飽きられたら終わり」という危機感があったからです。

危機感というと、常に焦りや不安と隣り合わせの恐ろしいもののように思えるかもしれません。

でも、**少なくとも私は危機感があったからこそ、今の「プチプラのあや」を作り上げることができました。**そして今後、「プチプラのあや」をさらに発展させるためにも、危機感を失ってはいけないと思っています。

危機感があると、何かしら対策を考えます。対策を考えたら実践してみます。それでうまくいったら、しばらく続けてみるし、ちょっと違うとなったら、また別の対策を考えて実践してみます。

そんなこんなで、**危機感があると「考える、やってみる」のに忙しすぎて、実は焦りや不安を感じている時間なんてないのです。**

そう考えると、危機感は、長く続けていくために必要不可欠なガソリンみたいなものかな、とも思えてきます。

危機感は恐ろしいものではありません。むしろ、焦りも不安も落ち込みも吹き飛ばしながら好きなことを続けていくための、最大の武器といっていいでしょう。

「先のことは考えられない」でもいい

「好き」が仕事に繋がってくると、しばらくは目の前のことでいっぱいいっぱいになると思います。

私自身、「プチプラが好き」というのが仕事になって4年ほどが経っても、「今、どうすればいいか」を考え、実行するだけでキャパオーバーすれすれです。

本当は1年後、3年後、5年後とビジョンを描いたほうがいいのかもしれませんが、そこまではできていません。

それでも、ぼんやりとしたビジョンはあります。

「プチプラのあや」は、私がいなくては成り立ちません。

それは、もし今後、私に何かあって仕事を続けられなくなったら、社員たちがみんな仕事を失うことを意味しています。

そのリスクヘッジという意味合いからも、私は徐々に第一線から退《しりぞ》いて、私がいなくても仕事が成り立っていくようにしていきたいと考えているのです。

といっても、「プチプラのあや」は私にしかできませんから、例えばインフルエンサーの育成やマネジメントを行う会社にシフトしていくとか……ぼんやりとですが、そんな未来像も思い描いています。

明確に長期目標を定め、そこに向かう中期目標、短期目標もしっかり見据えて着実に歩んでいくという方法も、あるとは思います。

ただ「まず目標を持たなければ」と考えるあまり、前進したい足が重たくなってしまうのなら、別に目標なんてなくてもいいのかもしれません。

最初から自分に重圧をかけるのではなく、まず始めてみて、あれこれ試行錯誤しながら続けてみる。それくらいの軽やかさでやっていたら、いつの間にか仕事になっていた――というのは、まさに私自身が通って来た道です。

そうしているうちに、目の前のことに精一杯ながらも、ふと遠い将来に思いを馳《は》せることもあるでしょう。

そうなってから、ぼんやりとビジョンを描き始めても、何も遅くはないと思います。

逆に言えば、そうなるまでは「先のことは考えられない」でもいいのではないでしょうか。**自分の好きなことを、思いっきり楽しみながら生きる、そのベースをつくること**が、今は第一なのですから。

Epilogue

エピローグ

この生き方をフルに楽しむ

フォロワーさんとの「絆」が一番の喜び

インフルエンサーには、情報発信をメインとしている人もいれば、芸能人のように「自分自身」を発信している人もいます。私は前者のタイプですが、**今は少し見せ方をシフトチェンジするタイミングにきている**と思っています。

情報は、集めようと思えば誰でも集められます。

もちろん、そうはいっても情報を網羅《もうら》するのは大変です。だから、情報発信特化タイプでも、いいインフルエンサーにはフォロワーがたくさんつくわけですが、それだけだと今後は少し危ういかなという危機感があるのです。

「プチプラ」という私の「軸」を変える気はありません。

ただそのなかでも、もう少し「プチプラのあや」の「あや」の部分を見せるようにしてもいいのではないかと思っています。

私という人間は、この世に一人です。そんな私自身を発信することで、プチプラ情報を求めてフォローしてくれている人の何割かでも（あるいは、ほんの数パーセントでも）、「濃いフォロワー」になってくれたら、それほど心強いことはありません。

ブログで限定的に発信していた「私が『プチプラのあや』になるまで」やインスタライブも、その一環です。

嬉しい手応えも感じています。

あるときは「私は人見知りなんです」などと話したら、「本当はそうなんですね。親近感が湧きます」「そういう一面を知って、前より好きになりました」といったコメントをいただきました。

「プロデュース商品のリリースが間近」というタイミングには、私が大詰めで忙しいことを想像してか、「あまり無理しないでくださいね」「頑張ってください」「応援しています」といったお気遣いのコメントもいただくようになっています。

以前は、私が紹介した商品に「私も買います！」「買いました！」といったコメントをいただくのが、何よりの喜びでした。それに加えて今では、よりパーソナルなコメントをいただくことも新たな喜びになっています。

インフルエンサーには、フォロワーとの距離が近いという特性があります。

私も常にフォロワーさんを身近に感じていました。

商品プロデュースするときも、よくInstagramなどでアンケートを取っていたので、どこか「フォロワーさんと一緒に作り上げた」という気持ちがあります。

そして今、少しずつ私自身について発信しているなかで、いっそうフォロワーさんとの距離が縮まったように思えます。

こうして強い結びつき、「絆」とも呼べるような何かがフォロワーとの間に生まれるというのは、インフルエンサーだからこその醍醐味《だいごみ》といっていいでしょう。

自分の「好き」を発信し、それが仕事になっていくと、そんな喜びとともに働くこともできるようになるのです。

私が今まで頑張ってこられた、もう1つのワケ

ここで、本書を最後まで読んでくださったみなさんに、1つお伝えしたいことがあります。

前に、私が大学に進学せず、すぐに働き始めた理由として「両親が高齢であったこと」「家が裕福でなかったこと」を挙げました。

それに加えてもう1つ、すぐにでも働かなくてはいけない理由がありました。

その理由とは、私の子供の存在です。何のスキルもなく、社会経験もゼロに等しい私が派遣社員として働き始めたのは、高齢の両親を支えるため、そして子供を育てるためだったのです。

子育てをしながら働くのは、決して楽なことではありません。それでも仕事に恵まれ、人にも恵まれ、私は幸せでした。

そのうえ、「プチプラのあや」として多くの方に受け入れていただき、大好きなことが仕事にまでなったのだから、**人生って本当に何が起こるかわからないなと思います。と同時に、思い切ってやってみてよかった、続けてきてよかったとも思うのです。**

本書でもたびたびお伝えしているとおり、私は何も特別な存在ではありませんし、何1つ特別なことを実践しているわけでもありません。

情報発信特化タイプのインフルエンサーとして多くの方とつながること、そして**「好き」を仕事にすることは、私にもできたのだから誰にだってできる。何度でも言いたいのですが、そう心から信じています。**

ただ、本書にも何度か「ストイック」という言葉が出てきたとおり、私が今まで頑張ってこられたことには、子供の存在も大きく影響しているのです。

みなさんに、そんな私の一面も知っていただけたらと思い、この場を借りてご報告させていただきました。

そして今、子供の存在は「頑張り続けるための原動力」であると同時に、また別の意味でも、私にとって大きなものとなってきています。

取引先の人でも会社の部下でもない、だけど、いつも私を近くで見ている。その立ち位置からものを言ってくれる子供は、「学びの宝庫」でもあるのです。

例えば、私の子供は、人とのコミュニケーションがあまり得意ではありません。人が言っていることをすぐに飲み込めないなど、苦労することも多いのですが、そのなかで、場の空気を読んだり、人の表情から真意を汲み取ったりすることが上手になってきました。

一方の私は、言葉のコミュニケーションに重きを置くタイプ。空気を読むのは、あまり得意ではありません。思ったことは言葉でハッキリ伝えますし、同じタイプの人のほうが信用して付き合えると思っています。

でも、そんな私は、子供からすると少し思いやりに欠ける人間に見えるようです。

あるときも、「相手の顔色を見て、あれこれ想像するよりも、相手の本心を言葉で聞いてしまったほうが話が早い」というようなことを言ったら、「ママは、もう少し自分で考えたほうがいい」と言われてしまいました。

「言葉で問い詰められても、本心を言いづらいこともあるよ。だから聞く前に、もっと自分で想像したほうがいいんじゃないの？」というのです。

いつの間に、こんなことを考えられるようになったんだろうと少し驚きつつも、素直に「ああ、そうだな」と思えました。たしかに人には、すべてを語らずとも雰囲気で察してほしいときがあるのでしょう。

この話に限らず、こと人間関係については、子供から学ぶことがたくさんあります。子供にとって私は母親であって、仕事相手でも上司でもありません。だからこそ躊躇なくハッキリと私に意見してくれることが、今の私にとってはとても貴重なのです。

これはラクな生き方じゃない。でもすごく楽しい生き方

近ごろ「生き方の多様性」といった言葉を、よく耳にするようになりました。

企業などの組織に属し、正社員や非正規社員として働く人のほうが、人数的には多いのでしょう。一方、ブログやSNSの世界には、自分の「好き」を世の中に発信しながら自由に生きているように見える人がたくさんいます。

そのうちどれくらいが、食べていけるほどの利益を「好き」から得られているのかは知りません。

ただ、**思い思いに好きなことを発信している人たちを見ていると、生き方は確かに多様化してきていると感じます。**

私もまた、従来ではあり得なかった生き方を選んだ一人です。

最初は選んだつもりはなく、思ってもみなかったことですが、自分の「好き」を仕事として、今、生きています。


「好き」を仕事にすると、四六時中、自分の好きなことができます。

といっても仕事である以上、利益を出さなくてはいけません。

とくに法人化してからは、「プチプラのあや」は私ひとりのものではなく、社員の生活まで担うコンテンツになりました。

利益に結びつくコンテンツであり続けるには、日々の発信を振り返っては分析し、必要だと考えた変更を加える、工夫する、ということの繰り返しです。

これは決してラクな生き方ではありません。

でも、確実に楽しい生き方です。

今の私にとって一番の喜びは、フォロワーさんのコメントを読むことや、フォロワーさんのＳＮＳ投稿を見ることです（私のプロデュース商品を購入して投稿してくださる方がたくさんいます）。

私が紹介したアイテムを買って喜んでくれている様子や、プロデュースした商品で、私がこだわったポイントがちゃんと届いている様子などが伝わってくるたび、「プチプラのあや」になってよかったと心から思います。

そして、私の「好き」を通じてフォロワーさんにもっと喜んでもらうためならば、どんな努力だってできる気がします。

どのみち仕事で努力するのなら、好きなことで努力して生きるほうが、ずっと楽しい。今すべき努力は、もれなく「好き」とリンクするからこそ、すべての努力が苦にならないのです。

世の中ではＡＩの進化によって人間の仕事が奪われる……なんて話も出ているようですが、自分という人間がＡＩに取って代わられることはありません。

そう考えると、自分の「好き」を通じて人に喜んでいただくというのは、どれほど

ＡＩが進化しようと、なくならない仕事といってもいいのかもしれません。

アパレル系などでは、積極的にＳＮＳで発信することを社員に推奨《すいしょう》し、フォロワーが多い社員にはインセンティブが支払われる企業もあると聞いたことがあります。

従来のように会社が大きな広告を出すだけでなく、自社製品を愛する社員が思い思いに発信することも、効果的な宣伝に繋がるという考えなのでしょう。

ある意味、社員一人ひとりがインフルエンサーになることを会社がすすめている、とも受け取れます。

こうした話を耳にすると、組織に属していても、自分の「好き」に従って自分らしく発信するインフルエンサー的なあり方が１つの価値として認められる、そんな時代になりつつあるように思えます。

「そのブランドだから買う」ではなく、「この人がおすすめしているから買う」といった変化が起こっているということです。それこそＡＩでは代わりがきかない個々の「らしさ」が、実績に繋がる可能性が広がっているのではないかと思うのです。

「らしさ」とは、言うなれば「セルフブランド」です。今までは芸能人だけの話だった「セルフブランディング」が、より広く、私たち一人ひとりに求められるようになってきているのかもしれません。

生き方の選択は人それぞれです。
そのなかで、今までお話ししてきたことが、「こんなふうに、自分の『好き』を思いっきり楽しむ生き方もあるんだな」「『好き』を仕事に繋げる生き方もあるんだな」と、少しでもあなたの参考になったら嬉しいです。

本書に掲載しているＳＮＳの画面写真などは、ＯＳやバージョン、機種により画面表示が異なる場合があります。

また、本書で解説しているブログ（Ａｍｅｂａ、ＬＩＮＥ）、Ｉｎｓｔａｇｒａｍ、ＹｏｕＴｕｂｅの仕様や操作方法は、２０２０年３月現在のものです。

著者略歴

プチプラのあや

インフルエンサー、ファッションブランドディレクター。

建設会社で派遣事務として働きながらはじめた、ファッションコーディネートアプリ「WEAR」の投稿が人気を博し、WEAR公式ファッショニスタ「WEARISTA（ウェアリスタ）」に認定される。

2017年に派遣社員を辞めて独立。2018年には、株式会社SNS研究所を設立する。その後、ソニーの人気スマホ・XperiaのCMに出演し、大きな話題となる。

現在はファッション系のインフルエンサーとして、SNS上でGU、ユニクロ、ファッションセンターしまむら、100均等を駆使したプチプラコーデを披露し活躍中。ファッションセンターしまむらとコラボした独自のプロデュース商品は、毎回完売店が続出するほどの大人気に。発売日には店舗前に行列ができることも珍しくなく、その売り上げは初日だけで1億円を超えることもある。ブログ、Instagram、YouTubeなどSNSのフォロワー合計数は192万人（2020年3月現在）を超える。

著書に『プチプラ365days オトナ女子の着まわしコーデ』『DAILY BUCKET BAG BOOK produced by プチプラのあや』（以上、宝島社）、『プチプラ服でも「おしゃれ！」と言われる人には秘密がある』（扶桑社）がある。

プチプラのあや各SNSはこちら
プチプラのあや
オフィシャルブログ

LINE BLOG
https://lineblog.me/ayaofpetitprice/archives/9299994.html

月収18万の派遣社員だった私が、
「好きなこと」×「SNS」で
年収2000万になれた37の方法

2020年4月23日　第1版第1刷発行

著　　者　プチプラのあや
発 行 者　後藤淳一
発 行 所　株式会社ＰＨＰ研究所
東京本部　〒135-8137　江東区豊洲5-6-52
第二制作部ビジネス課　☎03-3520-9619(編集)
普 及 部　☎03-3520-9630(販売)
京都本部　〒601-8411　京都市南区西九条北ノ内町11
PHP INTERFACE　https://www.php.co.jp/
組　　版　有限会社エヴリ・シンク
印 刷 所
製 本 所　図書印刷株式会社

 ISBN978-4-569-84687-3